© Crystal Choi

내 마음을
설레게 한
세상의
도서관들

책의 집,
그 미래를 찾아 떠난
여행

조금주 지음

나무연필

사람들은 내게 왜 그리 열심히 도서관을 찾아다니느냐고 묻는
다. 글쎄, 싱겁지만 도서관이 좋아서라고 답할 수밖에 없다. 그래도
어디를 찾아가야 할지, 무엇을 눈여겨보아야 할지, 누구를 만나야
할지, 어떤 것을 물어봐야 할지 몰라 어리바리했던 예전과는 많이
달라졌다. 이제는 인터넷에서 검색하고, 사전에 확인할 수 있는 정
보들을 조사하고, 담당자를 알아내고, 이메일로 약속을 잡은 뒤에
도서관을 찾아간다. 건물의 규모, 장서 수, 직원 수, 연간 예산 등과
같은 수치, 그리고 희귀 장서나 독특한 서비스와 같은 특이 사항 등
을 미리 파악한 뒤 도서관을 보러 간다.

도서관 현장에 도착하면 사서를 만나 궁금한 점을 묻고, 운영상
의 고충이나 새로운 시도에 대해 듣고, 운영자의 관점이 아닌 이용
자의 시선으로 도서관 구석구석을 꼼꼼히 살펴본다. 이때 내 머릿
속을 맴도는 화두는 '좋은 도서관'이다. 사람들은 왜 이 도서관을
좋아할까? 사람들이 이 도서관을 즐겨 찾는 이유는 무엇일까? 한

마디로 '무엇이 이곳을 좋은 도서관으로 만드는가'이다.

이 책은 이러한 자문自問에 대해 도서관 현장에서 발견한 자답自答을 모은 것이다. 본문에서 설명하고 있지만, 내가 도서관에서 발견한 좋은 도서관을 이루는 요소는 다양하다. 방문하기 편리한 지리적 위치, 새롭고 독창적인 건물, 참신하고 산뜻한 인테리어, 장애인이나 어린이 이용자를 세심하게 배려한 편의성, 누구에게나 무료로 제공되는 다양한 자료, 값을 매길 수 없는 희귀 장서, 교육적이거나 창의적인 프로그램, 눈길을 끌 만한 최신 장비, 전문적이고 깊이 있는 레퍼런스 서비스 등이다.

10여 년 가까이 도서관 탐방을 다니다 보니 노안으로 흐려진 눈에도 세계 도서관들이 추구하는 변화의 지향이 보였다. 압도적인 규모와 방대한 자료 소장을 시도한 중국의 슈퍼 라이브러리Super Library, 놀이와 배움을 결합한 미국과 유럽 어린이실의 플레이브러리Playbrary, 최신 장비를 갖추고 분야별 멘토들을 연결시켜 디지털 네이티브 세대들을 도서관으로 유도하는 미국의 디지털 미디어 스튜디오, 온전히 책에 집중할 수 있는 자연 친화적 환경을 추구하는 대만의 그린 도서관Green Library, 신문과 잡지 등 방대한 인쇄 자료를 제공하여 노년층에게 휴식의 공간으로 자리매김한 일본의 매거진 뱅크Magazine Bank, 마을과 도시들을 연결하고 소장 자료를 공유하여 제한 없는 서비스를 제공하려는 핀란드의 통합관리시스템 등이 그 대표적인 사례일 것이다. 이러한 세계 도서관의 변화는 국가별 특성에 기반한 것이기도 하지만, 세상이 바뀌고 이용자의 니즈와 이용 행태가 달라진 데 따른 도서관의 대응이기도 하다.

하지만 좋은 도서관이 되기 위한 많은 요소들 가운데 변치 않는 공통분모이며 절대 빠져서는 안 될 필수 요소는 사람이다. 뉴욕 공공도서관의 관장이었던 티머시 힐리Timothy S. Healy는 "도서관의 가장 중요한 자산은 저녁이면 퇴근하는 도서관 직원"이라고 말했다. 도서관을 반짝반짝 빛나게 유지하고, 건물을 보수하고, 우수한 장서를 선별해 구매하고, 이용자들이 찾기 쉽도록 규칙에 맞게 책들을 비치하고, 깨끗한 상태로 도서를 관리하고, 이용자와 눈을 마주하며 그들의 필요를 살피고 요구를 들어주는 사서야말로 도서관의 가장 귀한 보물이다. 경험 많고 열정 가득한 사서가 없다면 좋은 도서관은 아예 불가능하다.

세계의 도서관 탐방에서 귀한 보물 같은 사서들을 많이 만났다. 중국 편에서는 광저우 도서관의 장장순张江顺, Jason Zhang 슈퍼바이저, 미국 편에서는 미셸 오바마 마을 도서관의 러닝 랩 담당자인 엘리자베스 세스풀리오Elizabeth Cespuglio 사서, 파운틴데일 공공도서관의 폴 밀스Paul Mils 관장, 스코키 공공도서관의 리처드 공Richard Gong 관장, 알링턴 하이츠 기념도서관의 앨리스 손Alice Son 틴 서비스Teen Service 슈퍼바이저와 브라이언 베드나렉Bryan Bednarek 디지털 미디어 스페셜리스트, 대만 편에서는 국가도서관 청징루城菁汝 박사의 도움을 받았다. 핀란드 편에서는 오디 어린이실의 티나 퓌레Tiina Pyre 사서, 칼리오 도서관의 안나 마리카 니쿨라Anna Marika Nikula 음악 전문 사서, 파실라 도서관의 데크 구르한Deek Gurhan 레퍼런스 사서가,

일본 편에서는 그림책 미술관의 관리인 센자키せんざき 선생, 이와키 시립도서관いわき総合図書館의 오히라 구미코大平久美子 부관장, 도쿄 도립 다마 도서관의 야마카와 히로코山川浩子 관장, 도쿄게이자이 대학교 도서관의 서경식 관장이 도움을 주었다. 이외에도 수십 명의 사서들이 바쁜 시간을 쪼개어 도서관을 안내해주고, 외부인은 쉽사리 알 수 없는 세세한 정보들을 알려주고, 사진을 찍을 수 있게 허락해주었다. 그들의 성실하고 꼼꼼한 레퍼런스가 없었다면 이 책의 출간은 요원했을 것이다.

이 책의 일부 글들은 전문 혹은 부분을 국립중앙도서관에서 발간하는《오늘의 도서관》과 행복한아침독서에서 발간하는《동네책방동네도서관》에 연재한 것이다. 도서관에 대한 생각을 갈무리한 글을 실어주신 후의에 감사드린다.

오늘도 도서관 현장에서 묵묵히 일하는 세상의 모든 사서들에게 이 책을 바친다. 당신들의 노력과 헌신으로 이용자는 독자로 성장하고, 도서관은 진화하고, 세상은 좀 더 나은 방향으로 나아가고 있다고 믿는다.

차례

1장

장엄한
대륙의 스타일로
승부하다

중국

◆

현대적인 도서관 역사가 비교적 짧은 중국의 도서관들이

최근 들어 부쩍 변모하고 있다.

이는 국가의 발전과 궤를 같이하는 것이면서,

그만큼 이 나라가 도서관의 중요성에 주목하고 있다는 뜻이기도 하다.

특히 새로운 인프라 투자에 있어서 중국의 도서관들은

도서관 선진국들과 견주어보더라도 뒤지지 않게 나아가고 있다.

한껏 기지개를 켜고 있는 중국의 도서관들을 만나보자.

상하이의 도서관,
그 과거와 현재와 미래

◆

푸둥 도서관의 열람 공간.
빈 좌석 없이 사람들로 가득하지만 창밖으로 펼쳐지는 풍경은 싱그럽다.
뜨거운 학구열을 조금은 식혀주는 듯하다.

2400만여 명이 거주하는 중국의 대도시, 상하이. 이곳은 원래 자그마한 어촌 마을이었는데, 아편전쟁 이후 서양 열강의 조계지가 되면서 비약적인 발전을 하게 된다. 상하이에 처음 설립된 현대적인 도서관 쉬자후이 장서루徐家汇藏书楼 역시 그러한 역사가 조금은 녹아 있는 곳이다. 상하이 서남부의 쉬자후이 지역에 위치한 책을 모아놓은 누각이라는 뜻의 이 도서관은 제1차 아편전쟁 이후 상하이에 온 세 명의 예수회 선교사가 합심해 1847년 개관했다. 중국어를 배우면서 선교를 준비하려면 책을 보관하고 공부하는 공간이 필요해서였다.

현재의 도서관 건물은 1897년 원래의 건물에서 이전한 뒤 유럽 스타일로 새로 지은 것이다. 상하이 사람들은 은행나무 고목으로 둘러싸인 이곳을 '대도서관大圖書館'이라고 불렀다. 이런 별칭에서 짐작할 수 있듯이, 전성기 때는 상하이에서 가장 큰 도서관으로 각광받았으며 1층에는 중국 도서 12만여 권, 2층에는 서양 도서 8만여 권을 비치해두었다고 한다. 선교사들이 건립한 도서관이었기에 지금까지도 귀한 서양 도서들이 다수 전해오고 있다.

15

시대의 숨결을 고스란히 껴안고 있는 쉬자후이 장서루. 현재는 상하이 시의 분관 도서관으로 편입되었으며, 귀한 서양 도서들을 다수 보유하고 있다.

쉬자후이 장서루는 1956년 상하이의 도서관 시스템에 편입되면서 분관分館 중 하나로 이용되고 있다. 모든 공간을 일반인에게 개방하진 않지만, 이따금 특별 행사를 열 때면 비공개 공간을 개방해 주어서 도서관의 숨은 면모를 엿볼 수 있다.

책을 읽고 싶게 만드는 그곳, 푸둥 도서관

디지털 시대에 들어서면서 전 세계적으로 책 읽는 독자가 점차 줄어드는 추세임에도, 상하이의 도서관 이용률은 해마다 증가하고 있다. 상하이에는 총 237개의 공공도서관이 있는데, 그 가운데서 푸둥 도서관浦东图书馆은 상하이 시민들이 자주 애용하는 도서관 중 하나다.

푸둥 도서관의 외관은 거대하지만 밋밋한 책꽂이 같다. 하지만 안에서 바깥을 내다보면, 도서관을 둘러싸고 있는 초록빛 잎들이 눈에 들어온다.

이곳은 상하이의 구립도서관이지만, 넓이는 6만 885제곱미터에 소장 장서가 200만여 권이나 되는 국가 대표급 규모이다. 도서 외에 문서, 오디오 및 비디오 자료, 전자책, 정기간행물 등을 모두 포함하면 총 보유 자료는 390만여 점에 이른다. 2010년 10월 22일에 개관했는데, 건립비로 무려 8억 5000만 위안(한화로 약 1475억 원)이 들었다. 관내에 100석, 200석, 600석 규모의 열람 홀을 포함해 총 3000여 개의 좌석이 있으며, 동시에 6000여 명을 수용할 수 있을 만큼 넓다. 평일에는 평균 1만여 명, 주말과 여름에는 종종 2만여 명 이상의 이용자들이 이곳을 찾는다고 한다.

도서관 건물은 지상 6층, 지하 2층의 육면체 형태인데, 외관만 보면 거대하지만 밋밋한 책꽂이 같다. 강당, 식당, 카페 등이 있는 지상 1층과 지하 2층을 둘러보았을 때는 공간을 너무 낭비하는 게 아

푸둥 도서관 자료실. 아래쪽(사진에서는 왼쪽)에는 열람 공간이 있고, 중앙(사진에서는 오른쪽)에는 북 마운틴이 있다. 사람들이 자리를 가득 채우고 있고 서가에도 무척 책이 많지만, 층고가 높고 여유 공간이 넉넉한 데다가 시원하게 창밖 풍경을 볼 수 있어서 답답한 느낌은 거의 들지 않는다.

닐까 싶을 정도로 특색 없는, 전형적인 공공 기관처럼 보였다. 하지만 어린이실과 전시실이 있는 2층을 지나 본격적인 도서관 서비스가 시작되는 3층에 올라가면, 그다음부터는 200만 장서의 힘을 보여주는 자료실이 위풍당당한 모습을 드러낸다.

자료실 한가운데에는 책이 빽빽이 꽂힌 서가들로 이루어진 사각형의 북 마운틴Book Mountain이 있다. 자료들을 모두 서가에 비치해두어서 한눈에 볼 수 있는데다가 그 규모가 어마어마해서 압도적인 힘이 느껴진다. 벤치형 계단을 따라 올라가 북 마운틴 중앙의 서가로 다가가보았다. 여기에는 외국의 보존서고와 같은 센서가 달려 있어서 사람이 서가 사이로 들어가면 그 칸에 불이 켜진다. 북 마운틴을 헤매다 보면 원하는 책을 찾는 즐거움, 그러다가 뜻밖에 좋은 책을 발견하는 기쁨, 그리고 어디에서나 털썩 앉아 책을 읽는 자유로움을 느낄 수 있다.

이용자들이 책을 읽고 공부하는 공간은 무척 여유롭다. 북 마운틴을 둘러싸고 기다란 테이블이 줄지어 있는 열람 공간이 있는데, 테이블마다 스탠드가 놓여 있고 테이블 아래에는 전원 콘센트가 있어서 노트북을 쓰는 이들도 제법 많다. 탁 트인 창밖 풍경이 시원하다.

하지만 이 열람 공간을 가까이서 보면, 빈자리를 찾아볼 수 없을 정도로 이용자들이 빽빽이 앉아 있다. 수많은 사람들이 한 공간에서 숨소리를 죽이며 책을 들여다보는 모습을 보고서 '이들의 학구열은 정말 대단하구나' 하고 잠시 감탄했다. 하지만 이내 '우리

푸둥 도서관의 공중 정원. 도서관 로비에서 봤을 땐 정체를 알 수 없었고 답답해 보였지만, 실제로 그 모습을 보고서는 감탄한 공간이다.

나라 못지않게 중국 역시 학력이 중시되는 극심한 경쟁 사회구나' 하는 생각이 들어 한숨이 새어 나왔다. 그래도 이 도서관은 사방이 유리 벽으로 되어 있어서 자연 풍광이 고스란히 눈에 들어오고, 서가를 열람 공간 가까이에 두었다면 답답했을 텐데 중앙으로 서가를 몰아두었는지라 공간이 넓어 보여서 이용자의 불만은 덜하겠지 싶었다.

사실 나는 처음 이 도서관에 들어선 뒤 로비에서 위를 올려다봤을 때 답답한 인상을 받았다. 정체를 알 수 없는 유리 캡슐 상자가 있었는데, 아트리움으로 쏟아져 내리는 자연 채광을 막는 데다가 이 상자를 가로지르는 다리bridge들이 놓여 있었기 때문이다. 그런데 자료실로 올라와 그 실체를 마주하고 보니 그때서야 이 무모하면서도 과감한 결정에 고개를 끄덕이며 수긍하게 되었다. 이곳은 이

전에 그 어디에서도 보지 못한, 공중에 떠 있는 섬 같은 공중 정원이었다. 평소에는 캡슐 상자의 천장을 열어놓아서 실내로 바깥바람이 살랑살랑 들어온다고 하는데, 내가 도서관을 방문한 날은 날씨가 흐린 탓에 천장을 닫아놓았다.

한편 푸둥 도서관은 시대의 흐름에 발맞춰 지속적인 변화를 모색하고 있다. 세계의 많은 도서관들이 그러하듯, 이 도서관 역시 장서의 소장에서 장서의 활용으로, 단독적 요소에서 복합적 요소로, 수동적 자세에서 주도적 자세로, 종이 매체에서 디지털 매체로 서비스를 확장해가고 있다. 푸둥 도서관의 현재도 흥미롭지만, 그 미래가 어떠할지 더더욱 궁금하다.

도시의 반짝이는 보물이 되려는 상하이 도서관

그렇다면 이번에는 현재의 상하이를 대표하는 상하이 도서관上海圖书馆을 한번 만나보자. 이 도서관은 1952년에 개관했는데, 1958년 상하이 과학기술 도서관, 상하이 역사문화 도서관, 상하이 신문 도서관 등과 합병하면서 공식 명칭은 상하이 과학기술정보연구소上海科学技术情报研究所가 되었다. 하지만 많은 시민들에게 이곳은 '상하이 도서관'이라는 약칭으로 불린다.

상하이 도서관은 1996년 현재의 자리로 이전해 건물을 새로 지었는데, 전 세계에서 가장 높은 도서관 건물로 알려져 있다. 중앙에 5층 건물이 있고, 그 뒤에 양쪽으로 106미터 높이의 타워가 두 개

21

있다. 직육면체를 쌓아 올린 거대한 등대 모양의 타워는 밤에 보면 더욱 그 빛을 발한다. 크기도 상당해서 베이징에 있는 중국 국가도서관中国国家图书馆에 이어 중국에서 두 번째로 큰 도서관으로 소개되곤 했다. 하지만 다음에 소개할 광저우 도서관이 개관하면서 넓이에 있어서는 한 계단 아래로 내려갔다. 내부에는 중국의 전통 정원이 있으며, 중앙 건물의 홀에 들어서면 돔 형태의 천장에서 낮에는 햇빛이, 밤에는 별빛이 쏟아져 들어온다.

도서관은 그 크기만큼이나 소장 자료도 상당하다. 일반 단행본뿐 아니라 중국어와 영어로 발간된 근대 간행물, 서양의 희귀 서적, 족보, 편지, 악보, 음반 등의 자료를 총 5600만여 점 보유하고 있다. 또한 홈페이지를 통해 도서관 연간 보고서, 도서관 통계, 활동 및 행사 자료 등을 제공하고 있어서 이용자들은 언제든 편리하게 관련 정보를 살펴볼 수 있다.

상하이 도서관은 일반 이용자에게 전체 건물의 20퍼센트만 개방한다. 하지만 워낙 건물이 넓어서 문을 열자마자 도서관을 둘러보기 시작했건만 오후가 되어서도 다 돌아보기 어려울 정도였다. 그렇게 발품을 팔아가며 둘러본 상하이 도서관에는 내 시선을 끄는 것들이 꽤 있었다.

우선 도서관 관련 데이터를 실시간으로 보여주는, 1층 로비에 설치된 대형 스크린이 눈에 들어왔다. 몇몇 중국 도서관에서 이와 같은 스크린을 본 적이 있는데, 여기에서도 이를 설치해두었다. 스크린에서는 기본적으로 도서관 각각의 공간별로 전날의 방문자 수와

❶ 상하이 도서관의 중앙 건물 입구. 이 뒤편에는 양쪽으로 106미터 높이의 타워가 있다. 규모가 큰 도서관답게 개관 전부터 도서관 문이 열리기를 기다리는 이용자들이 무리지어 있다.

❷ 상하이 도서관 로비에 설치된 대형 스크린. 도서관에서는 의미 있으면서 신뢰할 만한 통계 자료를 도출해낸 뒤 이를 실시간으로 제공하고 있다.

오늘 현재 시간까지의 방문자 수를 보여주고 있었다. 또한 오른쪽 하단에는 주제별 대출 베스트 도서 제목이 나열되고 있었다. 매일 매시간 변하는 도서관 통계를 정리한 뒤 이해하기 쉽게 그래픽과 숫자로 보여준다는 점이 상당히 신선하게 다가왔다.

상하이 도서관은 각종 통계를 도출해낼 수 있는 시스템을 갖추었고, 그 가운데서 의미 있는 자료들을 시각화해서 제공하고 있었다. 이용자들은 그 자료를 통해 자신이 이용하는 도서관의 현황을 가늠하고 다른 이용자들의 독서 성향을 파악함으로써 시대의 흐름을 읽어나갈 수 있을 것이다. 이제 도서관은 소장 자료를 소극적으로 제공하는 데 그치는 게 아니라 빅데이터 분석을 통해 대중의 트렌드를 읽고 시대를 진단하는 정보를 적극적으로 생산해내는 문제를 고민해야 할 것이다.

두 번째로 눈에 들어온 것은 대출 데스크 뒤편에 있는 북 트레인Book Train이었다. 이용자들이 도서관 홈페이지에서 검색을 한 뒤 필요한 자료를 신청하면, 보존서고 직원은 자료를 찾아 네모난 작은 트레인 통에 그것을 담아주고, 이는 대출 데스크까지 자동으로 운반되어서 이용자에게 전달된다. 한국의 대형 병원에서 의사의 처방전이 바로 병원 약국의 약사에게 전달되고, 약사가 처방전에 맞춰 약을 봉지에 담은 뒤 작은 통에 넣어 이용자에게 전해주는 시스템과 동일하다. 상하이 도서관 건물이 1996년에 지어졌으니, 무려 20여 년 전에 이런 시스템을 갖춘 것이다. 게다가 지금까지 유용하게 쓰이고 있다. 이용자도 편하겠지만, 무엇보다도 도서관 직원들

공연, 전시, 이벤트 및 어린이 공간으로 건립 중인 상하이 도서관 동분관. 코로나19의 여파로 공사가 늦어져서 목표보다 1년 늦게 개관할 예정이다. ⓒ SHL

이 북 트레인을 무척 좋아했을 것이다. 이용자에게 자료를 전하기 위해 많은 발품을 팔지 않아도 되니 말이다.

　마지막으로 내가 언급하고 싶은 것은, 내가 이곳을 방문했을 당시에 건립 중이었던 상하이 도서관 동분관東分館이다. 도서관 1층 로비에서는 2020년 상하이 푸둥구에 11만 500제곱미터라는 엄청난 규모로 이 도서관을 개관할 예정이라며 대대적인 홍보를 하고 있었다. 이는 다음에 소개할 광저우 도서관보다 큰 규모인데, 코로나19의 여파로 공사가 지연되어서 개관이 1년 미뤄졌다. 이곳은 덴마크의 왕립도서관 신관인 블랙 다이아몬드의 설계로 명성을 얻었으며, 덴마크의 미래형 도서관 도켄Dokk1을 짓고 벡셰 시립도서관 Växjö Stadsbibliotek을 증축하는 등 도서관 건축에 있어서 독보적인 실력을 자랑하는 슈미트 해머 라슨 아키텍츠Schmidt Hammer Lassen Architects

에서 설계를 맡았다.

동분관을 홍보하는 전시에서는 기존 상하이 도서관의 역사와 의미를 소개한 뒤 동분관의 조감도를 보여주면서 미래 도서관으로서의 지향을 밝히고 있었다. 또한 개관 예정일까지 얼마나 남았는지 그 수치를 정확히 보여줌으로써 이용자들의 기대감도 높이고 있었다. 아래의 글은 동분관을 소개하는 설명의 일부를 번역한 것이다.

시간은 흐르는 강물처럼 끝없이 흘러간다. 당신은 태어나서 죽을 때까지 평생토록 책과 함께하게 될 것이다. 도서관은 마지막 페이지를 알 수 없는 아주 두꺼운 책이고, 새 장은 이미 시작되었다. 상하이 도서관 동분관 건물은 흠결 하나 없는 옥구슬 같다. 지식으로 정제되고자 하는 당신과 닮아 있다. 그것은 먼 훗날 상하이의 반짝이는 보물이 될 것이다.

새로운 시도가 항상 성공하는 것은 아니다

그런데 상하이 도서관의 모든 게 좋았던 것은 아니다. 3000석 이상의 좌석을 자랑하는 상하이 도서관은 복도 좌석마저도 빈자리를 찾아볼 수 없을 정도로 이용자들이 붐비고 있었다. 하지만 디지털 열람실과 메이커스페이스^{makerspace}만은 한산했다. 그나마 디지털 열람실에는 서너 명이 책이라도 읽고 있었지만, 메이커스페이스에는 직원이 혼자 자리를 지키고 있었다.

상하이 도서관의 메이커스페이스. 넓은 공간에 시설도 잘 갖추고 있었지만, 이곳은 도서관의 다른 곳들과 달리 한산하기만 했다.

　많은 도서관들이 새로 개관하거나 리모델링을 하면서 첨단 시설에 공간을 넓게 배정하고 디지털 기기에 과감한 투자를 하곤 한다. 이를 통해 이용자의 관심과 언론의 주목을 끌려는 의도는 이해할 만하다. 새로운 시도를 해보고 그것을 이용자와 나누려는 선의도 있을 것이다. 그런데 실제로 도서관을 자주 찾는 이용자들은 호기심 삼아 그곳을 한번 이용해볼 뿐인 경우가 많다. 연거푸 이용하기에는 매력이 없거나 그럴 만한 이유를 찾지 못하는 것이다. 메이커스페이스에 있는 대형 로봇 두 대가 바로 그런 사례일 듯하다. 이 로봇들은 처음 도서관에 들어왔을 때 분명 요란한 홍보로 주목을 끌었을 것이다. 하지만 지금은 전기 콘센트마저 뽑힌 채 한쪽에 방치되어 있다.

　치열한 경쟁 사회인 중국에서 창의력을 바탕으로 한 체험 공간

및 프로그램을 활성화하는 것은 도전적인 과제일지 모르겠다. 이용자의 이해와 요구를 파악하면서 그들을 이전과는 다른 실험적 공간과 세계로 이끄는 것은 그만큼 어려운 일이다. 상하이 도서관이 과연 이 과제를 어떻게 풀어낼지 좀 더 지켜봐야겠다.

도심 한가운데
자리한
초대형 정보 서비스 공간

◆ 광저우 도서관 广州图书馆, Guangzhou Library

이곳은 도서관일까, 쇼핑몰일까. 사진만 봐서는 가늠하기 어려울 것이다.
이리저리 촘촘히 연결된 구조의 건물 안에서 사람들이 바삐 움직이고 있다.
이것이 광저우가 새로이 만들어낸 도서관의 모습이다.

2018년 8월 말레이시아 쿠알라룸푸르에서 열린 세계도서관정보대회에서 광저우 도서관广州图书馆의 장장순 사서를 처음 만났다. 그는 세계 각국 도서관들이 자기 활동을 소개하는 포스터 세션에서 "누구나 메이커가 될 수 있어요: 광저우 도서관 메이커 콘테스트"의 안내를 맡고 있었다. 인상 좋은 얼굴에 환한 웃음을 가득 띤 그는 나에게 가볍게 말을 걸어왔다.

"광저우 도서관에 한번 구경 오세요. 정말 놀라실 거예요. 굉장히 멋진 도서관이거든요."

기회는 이때다 싶어 바로 되받았다.

"빈말 아니시죠? 저 정말 광저우 도서관에 가볼 겁니다. 그게 언제가 될지 모르겠지만요."

그로부터 1년쯤 지나 나는 그 약속을 지켰다. 장장순 사서에게 미리 연락해두었더니, 그는 안전 요원이 지키고 있는 도서관 입구의 검색대 앞에서 나를 기다리고 있었다. 광저우 도서관은 마치 공항에서 탑승객들이 검색대를 거쳐야만 내부에 들어가서 비행기를 탈 수 있는 것과 마찬가지로 검색대에서 소지품을 검사받아야만

광저우 중심업무지구의 모습. 오른쪽 고층 빌딩이 광저우 CTF파이낸스센터로.
세계에서 여덟 번째로 높은 건물이다. 이 건물 바로 앞에 광저우 도서관이 있다.

입장이 가능하다. 장장순 사서와 반갑게 악수를 나누자마자 나는
다짜고짜 물었다.

"이런 데서 근무하면 어떤 기분이 드나요?"

광저우 도서관은 중국 광저우의 중심업무지구 한복판에 있다.
중심업무지구에는 이 도시의 랜드마크인 칸톤 타워를 비롯해 높은
빌딩들이 숲을 이루고 있고, 오페라 하우스, 광둥성 박물관, 어린이
궁전 등의 문화 시설도 자리하고 있다. 매일매일 다양한 이벤트가
벌어지고 온갖 사건, 사고가 빵빵 터지는 분주한 곳에 도서관이 있
는 것이다. 이런 도서관에서 매일 수백 수천의 이용자를 상대하면

어떤 기분이 들까. 그는 체념한 듯한 목소리로, 하지만 두 눈만은 반짝이며 이렇게 답했다.

"마치 쇼핑몰에서 일하는 느낌이랄까요."

탁월한 위치, 놀라운 규모, 빼어난 설계

광저우는 중국 남부에 있는 최대 규모의 도시로, 광둥성의 성도省都이자 행정·경제·문화의 중심지이다. 무역도시답게 역동적이면서 새로운 문물에 개방적인 편이다. 그러한 광저우에서 2003년 이 도시를 대표하는 새로운 도서관을 건립하기로 결정한 뒤, 다음 해에 광저우 도서관 프로젝트를 발족시켰다.

우선 돋보이는 것은 도서관의 위치 선정이다. 이는 광저우가 지향하는 탁월한 비전과 과감한 용기를 보여주는 선택이었다. 지역 주민들이 가장 많이 모이는 곳, 다양하고 도전적이면서 역동적인 문화가 꿈틀거리는 중심지에 새 도서관을 세우기로 한 것이다. 부지는 그렇게 확정되었지만 도서관의 콘셉트와 디자인을 결정하는데 2년이 걸렸다. 이 논의 과정에서 지자체와 도서관 관계자들이 합의한 목표는 단 하나였다. 큰 도서관을 짓자는 것!

10년의 산고 끝에 2013년 6월 23일, "광저우의 거실"로 소개되는 광저우 도서관이 전면 개관했다. 도서관은 기획 과정에서 품었던 포부답게 규모가 거대하다. 부지 면적 2만 1000제곱미터에 연면적 10만 444제곱미터, 이곳은 세계에서 손꼽힐 만큼 큰 도서관이다. 다른 대형 도서관과 연면적을 비교해보면, 미국 시카고의 중앙도서관인 해럴드 워싱턴 도서관 센터가 7만 294제곱미터, 국립 근대미술관과 음향·음악연구소 등이 도서관과 한 건물에 있는 프랑스의 퐁피두 센터가 10만 3305제곱미터다. 규모를 가늠해보기 위해 예를 들면, 광저우 도서관의 연면적은 서울 여의도에 있는 대형 쇼핑센터인 IFC몰 연면적의 두 배에 달한다. 광저우 한가운데에 이처럼 거대한 도서관이 들어선 것이다.

　도서관의 광대함은 단지 건물 규모에만 그치지 않는다. 광저우 도서관과 관련한 통계 수치를 살펴보면 이를 잘 알 수 있다. 소장 장서 733만여 권, 오디오 및 비디오 자료 61만여 점, 정기간행물 5000여 종, 좌석 수 4000여 석, 컴퓨터 500여 대……. 새로 건립된 도서관이 이 정도 시설과 자료를 갖춘 것만도 놀라운데, 총 직원 수 596명(이 중 사서는 299명), 2019년의 도서관 예산 2억 5000만여 위안(한화로 약 433억 원)이라는 통계까지 보다 보면 대륙의 광대한 스케일에 입이 떡 벌어지게 된다.

　한편 광저우 도서관은 건축에 있어서도 신선하고 경이롭다. 이 도서관의 디자인 콘셉트는 "아름다운 책들"로, 겹겹이 책을 쌓아 올린 듯한 형태의 거대한 피라미드 모양으로 만들어졌다. 도쿄의 랜드마크인 도쿄 타워와 도쿄 돔을 비롯하여 일본의 대형 건축물을 다수 설계해온 닛켄셋케이日建設計가 작업한 건물답다. 내부의 곳곳이 투명하게 드러나서 당당하면서도 자신감 넘쳐 보이며, 지상 10층의 북쪽 타워와 지상 8층의 남쪽 타워는 스카이브리지Skybridge

광저우 도서관은 겹겹이 책을 쌓아 올린 듯한 형태의 거대한 피라미드 모양으로 만들어졌다. 도서관의
엄청난 규모답게 외관도 매우 웅장하며, 광저우 최고 중심지에 있는 근방의 건물들과 비교해보더라도
전혀 뒤지지 않을 만큼 당당해 보인다.

광저우 도서관 입구에서 바라본 바깥의 모습. 유리 벽 너머로 광저우 중심업무 지구의 고층 빌딩들이 시원하게 눈에 들어온다.

로 연결되어 있다. 하늘에서 내려다보면 도서관의 전체 형상이 N 자처럼 보이는데, 이는 '지之'라는 한자를 우아하게 형상화한 것으로 책을 펼친 모습과도 닮아 있다.

관내로 들어서면 웅장한 아트리움을 통과한 환한 햇살이 꼭대기에서부터 바닥까지 내리비친다. 동쪽과 서쪽 출입구 안쪽에서 보면 커다란 유리 벽 너머로 시원하게 광저우의 빌딩 숲 풍경이 펼쳐진다. 남북의 타워를 연결하는 스카이브리지에 서면, 관내가 한눈에 내려다보인다. 이처럼 개방적인 구조 덕분에 광저우 도서관은 폐가식 서가나 정적을 중시하는 고전적 도서관과는 달리 역동적인 느낌을 준다.

소음을 고려해서인지 어린이실만은 유리 벽을 설치해두었다. 하지만 나머지 공간은 모두 트여 있고, 개방형 서가에 350만여 권의

광저우 도서관의 남쪽 타워와 북쪽 타워를 연결하는 스카이브리지. 도서관 곳곳은 이렇게 촘촘히 연결되어 있고, 이용자들은 자유롭게 도서관을 활보한다.

장서를 고스란이 보이게 비치해두었다. 무슨 책이 어디에 있는지는 검색을 해보면 금세 확인할 수 있다. 이용자들은 중앙 에스컬레이터, 전망 엘리베이터, 스카이브리지를 자유롭게 오가면서 마음껏 서가를 브라우징한다.

자유롭게 활보하며 지식과 정보를 쇼핑하다

　시민을 위한 문화 교육 기관으로서 광저우 도서관은 도서, 시청각 및 디지털 자료를 포함해 다양한 지식과 정보를 수집, 제공한다. 이용자들은 도서관에서 제공하는 카트를 끌고 다니면서 마음껏 자료를 살펴보고 골라낼 수 있다. 카트에 자료를 쓸어 담는 이들은, 돈을 내지 않았을 뿐 마치 마트에서 쇼핑을 하는 사람들 같았다. 장장순 사서가 쇼핑몰에서 일하는 것만 같다고 했던 말이 여러모로 이해가 되었다.

북쪽 타워 8층에 있는 다문화 도서실은 세계에 대한 광저우 도서관의 관심을 보여주는 곳이다. 여기에는 독서 공간과 전시 공간, 그리고 다양한 언어로 된 자료들을 수집해 만든 13개 국가의 섹션이 있다. 중국뿐만 아니라 전 세계 출판사에서 출간된 5만여 권의 장서를 비치하고 있는데, 이들 자료는 각 국가와 지역의 문화적 특성을 보여주기 위해 문학, 예술, 역사, 지리 분야에 초점을 맞춰 수집되었다.

다문화 도서실은 풍부한 다문화 자원에 기반한 대출 및 정보 서비스를 제공할 뿐만 아니라 해외에 있는 11개의 광저우 자매도시 도서관, 광저우에 주재하고 있는 세계 각국의 영사관, 기타 사회 기관 및 단체들과 폭넓게 협력하여 각종 전시, 강연, 도서 공유 등을 기획하고 있다. 개관 첫해인 2013년 9월 '세계 일주 프로젝트'를 시작으로 미국, 캐나다, 멕시코, 프랑스, 뉴질랜드, 인도, 싱가포르, 한국 등과 교류·협력 사업을 펼쳐왔다. 또한 2016년 1월에는 광저우시 외교부, 광저우 도시혁신연구소와 함께 '도시혁신포럼'이라는 공동 프로젝트를 출범시켰다. 이 포럼은 광저우가 국제도시로 발돋움하는 데 기여하는 것을 목표로 삼으면서, 전 세계의 주목할 만한 혁신 사례들을 소개하고 있다.

한편 광저우 도서관은 2016년 메이커스페이스를 오픈했다. 이용자들은 이곳에서 다양한 기기들을 활용해 창의적인 활동을 벌이

◆

광저우 도서관의 메이커스페이스는 공간과 시설도 좋지만, 운영에 있어서 눈여겨볼 만한 곳이다. 전문가와 일반인 모두를 위한 교육 프로그램을 진행하고 있으며, 매년 이들을 위한 메이커 콘테스트를 개최해 메이커 활동에 대한 참여를 북돋우고 있다.

광저우 도서관의 1인용 연구창작실. 개인에게 공간을 마련해줌으로써 작업을
지원하는. 공공도서관으로서는 흔치 않은 시도를 하고 있다.

고 있으며, 도서관에서는 일상적으로 전문가 및 일반인을 위해 최
대 120시간의 메이커 교육 프로그램을 운영한다. 또한 메이커 문화
에 대한 관심을 불러일으키고 사회 혁신을 촉진하기 위해 매년 메
이커 콘테스트도 개최한다. 전 세계의 많은 메이커 콘테스트들이
전문적인 메이커로 참가 대상을 제한하는 데 반해 광저우 도서관
의 메이커 콘테스트는 4세부터 60세까지의 시민이라면 누구든 참
여할 수 있다. 이 콘테스트에서 우승을 하면 도서관의 메이커스페
이스 강사로 활동할 수 있고, 콘테스트 참가자들은 자기 아이디어
를 발전시켜서 신사업을 도모하기도 한다. 그렇게 광저우 도서관
은 나이, 배경, 경력, 경험의 차이가 있는 광저우 시민들을 차근차
근 메이커로 육성해가고 있다. 앞서 소개한 상하이 도서관의 메이
커스페이스와 비교해볼 만한 대목이다.

  그렇게 도서관을 둘러보다가 남쪽 타워 6층에 있는 41개나 되는

1인용 연구창작실을 발견하고서 나는 깜짝 놀랐다. 세계 유수의 대학도서관이나 전문도서관에는 개인 열람실carrel을 두는 경우가 꽤 있다. 전문가들이 도서관의 자료를 바탕으로 집중적으로 연구할 수 있도록 지원하는 공간이다. 하지만 일반 시민이 이용하는 공공도서관에 개인 열람실이 있는 경우는 상당히 드물다.

시설을 살펴보니, 마치 대학 교수의 연구실처럼 컴퓨터가 딸린 책상과 의자에다가 고급 원목 책장까지 갖추고 있었다. 연구 계획서를 제출해서 통과되면 이 연구창작실을 혼자서 한 달간 무료로 쓸 수 있다. 게다가 대기자가 없으면 연장도 가능하다. 연구와 창작에 매진하려는 광저우 시민들에게 이곳은 자신의 성장을 지원하는 든든한 공간이 되어줄 것이다.

도서관은 시민을 위한 가장 확실한 투자

광저우 도서관은 규모가 매우 큰 도서관일 뿐만 아니라 인기 또한 매우 높은 공공도서관이다. 2018년 통계에 의하면, 이곳의 연간 총 방문자 수는 9억 9300만여 명이다. 일일 통계를 보면, 평균 3만여 명이 방문하고 3만 6000여 건의 자료가 대출되며 매일 12건가량의 이벤트가 열린다. 이따금 하루에 4만 명이 넘게 찾아오기도 하는데, 2018년 8월 5일에는 5만 1774명이 방문하여 중국 공공도서관 사상 일평균 최고 방문자 수를 기록하기도 했다. 이처럼 광저우 도서관은 개관한 지 10년도 안 되었지만 광저우 시민들의 사랑을 듬뿍 받고 있다.

장장순 사서는 헤어지기 전에 도서관에서 제작한 가방에다가 기념 선물을 바리바리 챙겨주었다. 여기에는 다문화 도서실 안내 책자, 메이커스페이스 팸플릿 등과 함께 200여 쪽에 달하는 컬러판 도서 『광저우 도서관, 기념비적 도서관廣州圖書館, 一座纪念碑的圖書館』이 들어 있었다. 서울에 돌아와 그 크고 무거운 책을 살펴보았다. 마지막으로 이 책에 언급된, 광저우 도서관의 건립 과정에 대한 흥미로운 설명을 일부 번역해 소개한다.

새로운 도서관 건립에는 상당한 비용이 소요되는데, 광저우 시의 정책 입안자는 철도 건설비의 일부를 새로운 도서관 건립에 쓰기로 결정했다. 원래는 철도 건설비에서 4년간 매년 2억 5000만 위안(한화로 약 433억 원)씩을 도서관 건립비로 지출하려 했는데, 최종 승인된 사업비는 이보다 훨씬 많은 총 13억 1400만 위안(약 2280억 원)이었다. 이는 실로 어마어마한 금액이다. 하지만 이후 수많은 시민들에게 미칠 영향을 감안한다면, 광저우 도서관 건립은 가장 효율적인 투자로 판단된다.

새로운 시도를
더해가는
중국식 모던 라이브러리

◆ 톈진 빈하이 도서관 天津滨海州图书馆, Tianjin Binhai New Area Library

◆ 황푸 도서관 향설관 黃埔图书馆 香雪馆, Huangpu Library

◆

황푸 도서관 향설관 지하 1층의 어린이실.
아이와 어른이 가득. 발 디딜 틈 없이 북적이는 곳이다.
다소 어수선해 보이지만 그만큼 이용자들의 사랑을 받는 공간일 것이다.

한 시간 가까이 택시를 타고 가까스로 찾아왔는데, 내리는 순간 바로 알아챘다. 이건 내가 가려던 도서관이 아니라고. 무언가 잘못되었다고. 내가 한국에서 검색해 갈무리해둔 영문 주소, 그리고 광저우 도서관의 장장순 사서가 이 도서관을 추천하면서 알려준 영문 주소는 정확히 이곳이었다. 그는 이 도서관을 "모던한 라이브러리"라고 했다. 하지만 내 눈앞에는 콘크리트로 지은 관공서처럼 특색 없는 중국 공공도서관이 자리하고 있었다.

도서관 안으로 들어가보았다. 오크 책상과 의자가 나란히 길게 들어차 있는 이곳은 책 읽는 곳이라기보다는 젊은이들이 개인 학습을 하는 독서실형 도서관이었다. 벽마다 붙어 있는, 조용히 하라는 뜻의 "정靜"이라는 글자가 그 명확한 증거였다. 한국의 무수한 공공도서관과 다를 바 없는 모습이었다.

불행히도 안내 데스크의 사서는 영어를 할 줄 몰랐다. 그 대신 영어 회화에 능숙한 젊은 여성을 금세 찾아 데려왔다. 도서관 이용자인 그녀가 통역을 해주었는데, 도서관을 잘못 찾아온 것 같다고 했다. 내가 가려던 곳은 황푸 도서관黃埔图书馆이었는데, 구글 지도에

45

서는 "Huangpu Library"가 세 곳이나 검색되었다. 나는 이 가운데 서 가장 최근에 신축된 곳을 알려달라고, 그리고 내 스마트폰을 내 밀며 그곳 주소를 바이두^{Baidu} 맵에 찍어달라고 했다. 바이두 맵은 중국의 최대 포털 사이트인 바이두에서 만든 지도이다.

한참 동안 고개를 갸우뚱하던 사서는 마침내 고개를 들며, 내가 가려던 황푸 도서관은 이 세 곳 모두 아니라고 했다. 그러고는 훨씬 북쪽에 새로 지은 황푸 도서관 향설관黄埔图书馆 香雪館이 있다고 알 려주었다. 이럴 수가!

그렇다. 적어도 중국에서는 구글 신을 믿으면 안 된다. 방대한 데 이터를 바탕으로 막강한 인공지능 기술과 정보를 보유한 세계 지 존의 구글 신도 중국에서만은 힘을 잃었다. 중국어도 못하고 지리 도 낯선 내가 다시 황푸 도서관 향설관을 찾아갈 방법은 요원했다. 결국 통역을 맡았던 죄(?)로 이름도 못 물어본 도서관 이용자가 도 와준 덕분에 나는 가까스로 그곳에 갈 수 있었다.

눈길을 끌었지만 실망이 밀려왔던 빈하이의 눈

중국 도서관을 찾아가면서 헤맨 것은 이번만이 아니었다. 잠깐 이와 유사한 좌절담을 하나 털어놓아볼까. 우연히 인터넷에서 중 국의 한 도서관에 대한 영문 기사를 읽다가 '빈하이의 눈^{The Eye of Binhai}' 사진을 보게 되었다. 그걸 보자마자 이건 반드시 내 눈으로 직접 살펴봐야겠다고 생각했다. 하지만 기사에 소개된 영문 도서

46

관 이름으로는 아무리 검색해봐도 엉뚱한 대학도서관으로 연결되었다. 도무지 정식 중국어 명칭과 주소를 알 수 없었다.

명색이 전문도서관과 대학도서관에서 레퍼런스 사서로 수년을 일한 바 있는 내가 이렇게 헤매다니, 어떻게 이런 일이 있을 수 있을까. 중국 정부는 우리나라와 마찬가지로 구글에 지도를 제공하지 않는다. 게다가 중국 내에서는 구글, 유튜브, 인스타그램 등의 접속도 되지 않는다. 따라서 중국에서 어딘가를 찾아가려면 정확한 중국어 명칭을 알아야만 한다. 우여곡절 끝에 정체를 알게 된 도서관, 그곳은 톈진 빈하이 도서관天津滨海图书馆이었다.

5층 건물에 연면적이 3만 3700제곱미터인 이 도서관은 네덜란드의 디자인 회사 MVRDV와 톈진 도시계획·디자인연구소가 협업하여 건설했다. MVRDV는 우리에게 서울역 옛 고가도로를 개조해 만든 '서울로7017'의 설계사로 알려져 있다.

도서관 중앙에는 강당으로 사용되는, 거대한 공 모양의 구조물이 있다. 그리고 이 구조물 주변으로 곡선 형태의 물결치는 서가가 5층 천장까지 이어진다. 서가의 중간중간에 계단이 있어서 이동하기도 편하고 앉아 있기에도 좋다. 중앙의 구조물 때문에 이용자가 서가를 걷노라면 마치 사람의 눈 속을 걷는 듯한 느낌을 받게 된다. '빈하이의 눈'이라는 이 도서관의 별명은 여기에서 비롯되었다.

나를 사로잡았던 사진 속 모습을 나는 직접 보게 되었다. 그런데 놀라운 사실은, 그토록 다채로워 보였던 서가에 실제로는 책이 하나도 꽂혀 있지 않았다는 것이다. 책처럼 보였던 것은 모두 책등을

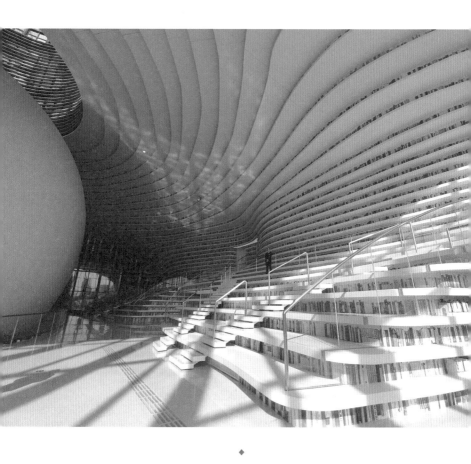

◆

'빈하이의 눈'이라는 별명으로 불리는 톈진 빈하이 도서관의 내부. 중앙(사진에서는 왼쪽)에 공 모양의
구조물이 있으며, 그 주위를 둘러싸고 물결치듯 서가가 펼쳐진다. 그런데 이 서가의 책들은 놀랍게도
진짜 책이 아니라 책등 사진이다. 아직 중국 당국의 허가를 받지 못해 책을 비치하지 못한 것이다.

찍은 사진이었다. 중국 당국은 이곳에서 책을 읽고 토론하는 것은 허가했지만, 서가에 책을 보관하는 것은 허락지 않았다. 그래서 아직까지 도서를 비치할 수 없으며, 책등 사진이 빈 서가를 채우고 있는 것이다. 물론 도서관인 만큼 3층 자료실에 실제 책들이 비치되어 있긴 하지만 말이다.

어렵게 도서관의 명칭과 위치를 확인했고, 며칠을 고대하며 고생고생해서 도서관을 찾아갔건만, 이 도서관에 대한 기억은 씁쓸하다. 감각적인 미사여구만 잔뜩 늘어놓은 광고에 속아서 사버린, 별 내용 없고 표지만 화려한 책처럼……

우리는 인터넷을 통해 도서관에 대한 다양한 정보를 접할 수 있다. 하지만 실물을 직접 확인해보았을 때 비로소 알게 되는 것들이 있는 법이다. 그래서 나는 직접 도서관을 찾아가 그곳을 살펴보는 것이다.

묻고 물어 어렵게 찾아간 그곳, 황푸 도서관 향설관

다시 본래의 여정으로 돌아가보자. 우여곡절 끝에 찾아간 황푸 도서관 향설관은 다행스럽게도 시간과 수고와 비용을 들인 게 전혀 아깝지 않을 정도로 대단한 위용을 갖추고 있었다. 나를 압도한 것은 어마어마한 건물과 장서 규모, 독특한 인테리어만이 아니었다. 1200석이나 되는 좌석을 가득 메운 채 책에 머리를 박고 움직일 줄 모르는 무수한 젊은이들의 모습 역시 나를 압도하는 풍경이었다.

광저우의 11개 행정구역 가운데 하나인 황푸구의 상주인구는 2000년에 38만 9000여 명이었는데, 2018년에는 111만여 명으로 늘어났다. 그렇게 인구가 급증할 만큼 산업이 발전하면서 성장세가 완연한 지역이다. 사람들로 가득 찬 도서관의 모습은 그러한 지역 분위기를 반영하는 것이리라.

황푸구에서는 '총관'总馆, Main Library (중앙도서관), '분관'分馆, Branch Library (분관도서관), '복모점'服务点, Service Point (대출반납소)으로 분류해 공공도서관을 운영하고 있다. 황푸 도서관 향설관은 황푸구의 총관으로, 협력과 교류를 통해 자료를 구축하고 이용자의 평생학습 및 문화 교류의 공공 공간이 되겠다는 목표로 2015년의 마지막 주말에 공식 개관했다.

이 도서관은 앞서 말했듯이 규모에서부터 디자인까지 사람을 압도하는 데가 있다. 총 건축 면적은 1만 5684제곱미터이며, 건물은 불규칙한 크기의 책들을 겹겹이 쌓아 추상화한 형태의 7층 입방체 모양이다. 강철로 기둥을 세우고 유리로 벽을 만드는 커튼 월curtain wall 공법으로 건설되었으며, 역동적이고 현대적인 감각이 돋보인다. 건물 내·외부의 디자인이 통합적이어서 공간의 연속성도 잘 느껴진다.

황푸 도서관 향설관은 개관한 지 얼마 안 된 도서관임에도 약 110만 권의 장서를 비롯해 970종의 정기간행물을 보유하고 있다. 또한 디지털 자원으로 중국학술정보원CNKI 데이터베이스, 중국 온

황푸 도서관 향설관의 건물 외부과 내부 로비의 모습. 외관은 불규칙한 크기의 책들을 겹겹이 쌓아 올린 듯한 모습인데, 건물의 내·외부 디자인이 통합적이어서 자연스러운 연속성이 느껴진다.

라인 데이터베이스, 어린이 데이터베이스, 멀티미디어 데이터 등을 제공하고 있다. 중앙도서관이라 할 만한 장서 및 자료 규모를 일찌감치 갖춘 것이다.

과학기술은 어떻게 도서관과 만나는가

황푸 도서관 향설관은 과학기술을 도입해 한껏 활용하고 있어서 돋보이는 곳이다. 그중 가장 먼저 눈에 들어온 것은 RFID 도서관리시스템이었다. 이곳에서는 모든 책에 일반적인 소장 코드와 도난 방지 마그네틱 스트라이프 대신 작은 RFID 칩을 붙이고 있다. 이는 각 책의 고유한 아이디ID라 할 수 있는데, 이를 통해 도서 정보화의 완성도를 높였다.

그런데 황푸 도서관 향설관은 RFID 칩을 책뿐만 아니라 각 서가에도 부착해두었다. 한 권의 책을 검색했을 때 그 책이 비치된 층, 책장, 선반의 위치까지 파악할 수 있는 지능형 라이브러리를 구축한 것이다. 또한 이곳 서가에는 푸둥 도서관의 북 마운틴 서가와 마찬가지로 자동 센서가 설치되어 있다. 이용자가 서가 사이를 걸어갈 때면 적외선 센서가 감지하여 책장 위에 설치된 조명이 자동으로 켜진다.

한편 도서관 이용자들에게 인기가 높은 것은 자가대출반납기와 24시간 셀프 도서관24小时自助图书馆 기기였다. 이용자가 스스로 대출과 반납을 할 수 있는 자가대출반납기는 도서관 자료실에 총 10대

황푸 도서관 향설관 입구에 설치된 24시간 셀프 도서관 기기. 도서관 카드가
있는 사람이라면 누구에게나 무료로 책을 쏟아내는 기기이다.

가 설치되어 있다. 도서관 입구에 설치된 24시간 셀프 도서관 기기
는 말 그대로 24시간 이용할 수 있는 스마트 기기이다. 문자와 기
계 음성으로 안내되며, 손쉽게 배울 수 있고, 기능도 완벽하다. 이
용자들은 이 기기를 조작해 도서를 검색, 대출, 반납할 수 있다. 현
금자동입출금기ATM는 입금이 되어 있어야 현금을 쏟아내지만, 황
푸 도서관 향설관의 24시간 셀프 도서관 기기는 도서관 카드가 있
는 사람이라면 누구에게나 무료로 책을 쏟아내고 있었다. 과거에
는 대출 데스크에 있던 대기 줄이 이제는 기계들 뒤로 옮겨왔다. 빠
르고 간단하게 조작할 수 있으니 오래 기다릴 필요가 없어서 이용
자의 시간이 절약된다. 또한 사서들은 대출·반납이라는 단순 반복
업무에서 벗어나 여타의 도서관 서비스를 제공할 수 있다.

　차량 운전자라면 북 리턴 스테이션으로 가서 차에서 내리지 않

은 채 드라이브 스루 방식으로 책을 빠르게 반납할 수도 있다. 심지어 도서관이 문을 열지 않는 동안에도 이용자는 지하에 있는 24시간 셀프 도서관에서 독서를 하거나 책을 빌리고 반납할 수 있다. 도서관 카드만 있으면 이곳에 들어갈 수 있는데, 작은 도서관 규모의 공간에 책들이 비치되어 있고 자가대출반납기가 있어서 직원 없이 무인 시스템으로 운영된다.

한편 황푸 도서관 향설관은 중국의 카카오톡이라 할 수 있는 위챗WeChat 공개 계정을 통해 온라인 서비스를 제공한다. 광저우 도서관은 온라인 서비스를 위해 단독 앱을 개발했는데, 향설관은 대중적인 앱을 이용하는 방식을 택했다. 위챗에 접속해 도서관에 로그인한 뒤 자료를 검색하면, 그 책과 관련한 기본 정보를 비롯해 도서관의 책 보유 여부를 금세 알 수 있다. 또한 대출 자료의 연장도 가능하다.

과학기술을 도서관에 다양하게 접목한 황푸 도서관 향설관의 시도는 기존의 중국 도서관들에 비해 앞서 나가는 것인데, 세계적으로 보더라도 선진적이다. 이러한 시도가 앞으로 어떤 결과로 이어질지, 이들의 변화를 흥미롭게 지켜보고 싶다.

강렬한 햇볕조차
막을 수 없는
열혈 이용자들의 공간

◆ 선전 도서관深圳图书馆, Shenzhen Library

◆

2000석이 넘는 좌석을 보유하고 있음에도 선전 도서관 곳곳에는 이용자들이 넘쳐난다.

도서관 계단에 앉아서, 서가에 서서 사람들이 책을 읽는다.

한편으로는 신기하고 또 한편으로는 무서운 모습이다.

"실내에서 우산을 펼치면 재앙을 부른다"라는 서양 미신이 있다. 이에 대한 기원은 다음의 두 가지로 알려져 있다. 하나는 우산이 태양으로부터 사람을 보호하는 데 쓰였기에, 실내에서 우산을 펼치는 것은 태양신에 대한 모독이라는 설이다. 나머지 하나는 우산이 폭풍과 같은 재난으로부터 사람을 보호해주었는데, 실내에서 우산을 펼치는 것은 자기 집을 지키는 수호신에 대한 모독이라는 설이다.

서양 미신이어서 그렇겠지만, 선전 도서관深圳图书馆의 이용자들은 실내에서 우산을 펼쳐놓았을 때 닥쳐올지 모를 불운에 개의치 않는 듯하다. 선전은 아열대성 몬순 기후로 5월부터 10월까지의 낮 기온이 30도를 웃돈다. 그런데 이 도서관은 바닥부터 천장까지 전면 유리로 되어 있다.

선전 도서관 건물은 로스앤젤레스 현대미술관, 카타르 컨벤션센터 등을 설계했고, 2019년에는 건축계의 노벨상이라 불리는 프리츠커 상을 수상한 이소자키 아라타磯崎新가 설계했다. 건물 자체로만 보면 기하학적 유리창과 비정형의 자유분방함 덕분에 감탄이

57

도서관에서는 쏟아져 들어오는 햇볕을 막기 위해 파라솔을 설치했다. 하지만 파라솔이 없는 곳에서는 이용자들이 우산을 펼친 채 앉아 있다.

절로 나온다. 하지만 이곳에 들어서면 마치 거대한 유리 온실 속에 익어가는 야채 신세가 되어버린다. 그러자 이용자들은 하나둘 우산을 펴들고 작은 그늘에 숨어 공부를 하기 시작했다. 결국 유리 외벽과 가까운 열람 공간에 작은 우산들이 줄줄이 펼쳐지게 되었다. 그런 모습은 중국 언론뿐 아니라 서양 언론에까지 보도될 만큼 진풍경이었다.

난감해진 건 도서관 측이었다. 햇볕에 노출되는 이용자들을 보호하기 위해 블라인드 설치를 검토했지만, 도서관 외벽의 독특한 구조 때문에 한계가 있다는 결론에 도달했다. 결국 실내에 파라솔 몇 개를 설치하는 것으로 논란을 막을 수밖에 없었다. 하지만 대단한 건 이용자들이다. 이들은 여전히 뜨거운 햇살 아래에서, 심지어 뜨끈하게 덥혀진 콘크리트 바닥에 앉아서 공부를 하고 있다.

이용자들이 서가에 서서 책을 읽고 있다. 여럿이 그러는 것으로 보아, 이들로서는 이게 특별한 것이 아니라 자연스러운 일인 듯하다.

웬만해선 그들을 막을 수 없다

1300만여 명이 거주하는 중국 광둥성의 신흥 산업도시 선전은 "도서관의 도시"가 되겠다는 목표로 도서관 네트워크를 구축했다. 이곳은 책과 디지털 자료를 통합한 정보 시스템을 통해 모든 시민들을 지원하겠다는 포부를 품고 이를 실현해가고 있다. 2016년을 기준으로 선전에는 3개의 대형 공공도서관, 8개의 지역 거점 공공도서관, 616개의 거리 및 풀뿌리 도서관, 240개의 스마트 도서관이 있다. 도서관의 도시를 꿈꾸는 곳답게 물량 공세를 펼치며 도서관을 만들어가고 있는 것이다.

선전을 대표하는 시립도서관인 선전 도서관은 이용자로 가득한 곳이다. 오전 9시 반, 도서관 문을 연 지 30분밖에 안 되었는데도 빈 좌석을 찾아볼 수가 없다. 서가 사이에 선 채로 책을 읽는 이들도 여럿이다. 서서 하는 공부가 습관이 된 듯하다. 도서관 좌석이 2000석이 넘는데도 자리가 없을 줄 알고 간이 책상을 가져온 이도 있다.

어린이실은 이 시간에 좌석은 물론이고 바닥에도 앉을 곳이 없다. 어디든 사람이 가득해서 움직이는 것조차 쉽지 않다. 아이들이 뛰어다니고 떠드는 소리, 어른들이 책 읽어주는 소리 때문에 부산하고 복잡하고 답답하다. 도떼기시장이 따로 없다. 그럼에도 모두들 개의치 않는다. 몇몇 어른들은 아이에게 책을 고르고 읽어준 뒤 그 옆에서 스마트폰을 들여다보고 있다. 영어 강좌가 열린 강의실에는 50여 명의 성인이 모여 있다. 이들은 미국 드라마 〈프렌즈〉를 보면서 큰소리로 대사를 따라한다. 그렇게 영어 회화를 배우는 중이다.

도서관 이용 현황을 보더라도 수치가 매우 높다. 월평균 대출량이 한국 대형 공공도서관의 연평균 대출량에 가깝다. 그런데 어마어마한 대출 수치에 비해 상대적으로 많이 낮은 반납 수치를 보자 사서다운 궁금증이 밀려들었다. 그 많은 미반납 도서들은 대체 어디로 갔을까. 저 높은 격차를 도서관은 어떻게 받아들이면서 처리하고 있을까.

이곳은 평일에는 하루 2만여 명, 주말에는 그 2~3배의 이용자가 몰린다는 선전 최고의 도서관이다. 그런데 이 커다란 건물을 아무리 둘러봐도 식당은커녕 카페도 없다. 점심시간이 가까워오자 도

◆

선전 도서관의 로비에서 위층으로 이어지는 계단. 우아한 곡선을 그리며 펼쳐지는 유리 벽은 매우 멋있지만, 이곳에서 강렬한 햇볕이 쏟아져 들어온다. 그런데 그런다고 물러날 이용자들이 아니다. 이들은 삼삼오오 계단에 앉아 책을 보고, 노트북을 펼쳐든 채 개인 작업을 하고 있다.

서관 베란다에서 선 채로 도시락을 먹는 이들이 보인다. 그런 모습이 아주 익숙해 보인다.

내가 근무하는 도서관은 3000제곱미터 규모인데, 카페도 있고 식당도 있다. 도서관에서 장시간 공부하는 학생들이 많다 보니, 식당에서 밥도 사 먹고 카페에서 커피도 사 마시고 사람들과 어울려 수다도 떤다. 이들 카페와 식당은 이용자가 많고 운영도 무척 잘된다. 한국의 도서관에서는 흔히 볼 수 있는 모습일 것이다. 선전 도서관 역시 장시간 공부하는 학생들이 많은 데다가 그 외의 이용자들도 많이 드나든다. 그런데 왜 이곳에는 카페나 식당이 없을까? 돌이켜 생각해보니 베이징의 수도도서관首都图书馆이나 뉴욕 공공도서관 같은 대형 도서관에도 건물 안에 카페와 식당이 없었다. 이런 점은 도서관에 대한 어떤 문화적 차이에서 비롯된 것일까. 도서관을 다닐수록 아직 결론에 이르지 못한 채 생각해볼 것들이 점점 늘어난다.

도서관 코앞에 스마트 도서관이 있다

'스마트 도서관'은 이용자가 도서관까지 갈 필요 없이 원하는 책을 선택해 빌리고 반납할 수 있는 자가대출반납기이다. 대개 유동인구가 많은 지하철 역사나 대형 건물 로비에 이를 설치하며, 24시간 내내 언제든 이용할 수 있으니 매우 편리하다. 기기 안에는 보통 400여 권 미만의 책을 비치할 수 있으며, 스마트폰 앱을 통해 대출

선전에는 각 지역에 240개의 스마트 도서관이 설치되어 있는데, 선전 도서관 앞에도 놓여 있다. 비치된 책을 검색, 대출, 반납할 수 있고, 대출한 책을 연체한 경우 지폐를 넣어 연체료를 지불할 수도 있다(위). 이용자가 미리 도서를 신청한 경우에는 예약도서 보관함에서 책을 꺼내가면 된다(아래).

가능 도서의 실시간 검색도 가능하다. 통상적으로 스마트 도서관에는 이용률이 높은 신간을 중점적으로 비치한 뒤 지속적으로 책을 교체한다.

그런데 베이징의 수도도서관을 방문했을 때, 나는 도서관 앞마당에 스마트 도서관이 있는 것을 보았다. 도심 한복판에 있는 선전 도서관 역시 도서관 앞에 스마트 도서관이 두 대나 있었다. 사람들이 많이 오가는 지하철역이나 공공도서관이 멀리 떨어져 있는 지역이 아니라 왜 도서관 입구에 이걸 설치해둔 걸까.

이유는 의외로 간단하다. 도서관에 장서가 너무 많기 때문이다. 선전 도서관만 해도 200만여 권, 수도도서관은 무려 650만여 권의 장서를 보유하고 있다. 이 많은 장서의 이용률을 높이기 위해 도서관은 입구에 스마트 도서관을 설치하고 신간 도서들을 이용자에게 선보이는 것이다. 이용자의 입장에서 보면 대출과 반납만을 위해 도서관에 들를 때 굳이 관내까지 들어가지 않아도 되니 매우 편리하다.

그런데 선전 도서관의 스마트 도서관에는 또 다른 장점이 있다. 선전 도서관은 관내에 200만여 권의 장서를 소장하고 있는데, 이와는 별도로 4곳의 보존서고에 280만여 권의 장서를 보관하고 있다. 스마트 도서관에서는 이 보존서고의 책들을 간편하게 대출할 수 있다. 이용자가 보존서고의 책을 예약하면, 도서관 직원이 책을 찾아서 바로 다음 날 스마트 도서관에 갖다놓는 것이다. 이렇게 이용자들은 스마트 도서관을 통해 무려 480만여 권의 장서에 손쉽게 접근할 수 있다. 이런 이용자들의 경험은 어떤 결과를 가져올까. 단기간에 성과를 측정하기는 어렵겠지만, 이러한 경험이 쌓이면 분명 도서관의, 그리고 이용자들의 힘이 될 것이다.

2장

세상이 바뀌어가듯
도서관도 진화한다

미국

◆

미국 사회에서 공공도서관은 마을의 중심에 자리하면서

오랜 동안 지역 주민들의 사랑을 받아왔다.

그런데 하루하루 많은 것들이 급속히 바뀌어가는 이 시대에

미국의 도서관들은 어떻게 달라지고 있을까.

미국이라는 나라가 드넓은 만큼 매우 다양한 도서관들이 있지만

여기에서는 새로운 변화를 모색하고 있는 공공도서관에 초점을 맞추어

그 실제를 살펴보고자 한다.

모든 공공도서관은
메이커스페이스다

◆미셸 오바마 마을 도서관 Michelle Obama Neighborhood Library

"미셸 오바마 마을 도서관의 커뮤니티 가든에 오신 것을 환영합니다."
도서관의 앞마당 정원에 붙어 있는 표지판이다.
주민들은 책을 빌리러 왔다가 이곳에서 키운 야채들을 책과 함께 들고 간다.

미셸 오바마 마을 도서관Michelle Obama Neighborhood Library을 방문하게 된 것은 순전한 호기심의 발로였다. 다른 도서관을 검색하다가 우연히 그곳에서 대중교통으로 30분 거리에 있는 이 도서관을 발견한 것이다. 무슨 이유로 도서관에 이런 이름을 붙이게 되었을까? 이 단순한 의문 때문에 이곳에 들러보기로 마음먹었다.

사서를 만나면 물어봐야겠다 생각하며 들어섰는데, 도서관 입구에 미셸 오바마의 커다란 사진과 함께 도서관 명칭에 대한 자세한 설명이 적혀 있었다. 지역 주민들은 새로운 도서관을 건립하면서 그에 어울리는 이름을 고민했는데, 젊은이들에게 영감을 줄 수 있는 사람이 있다면 그의 이름을 따오는 게 좋겠다고 의견이 모아졌다. 그리고 2015년 12월, 캘리포니아주 롱 비치의 부시장 렉스 리처드슨Rex Richardson은 이 도서관에 당시의 영부인이었던 미셸 오바마의 이름을 붙이자고 제안했다. 그녀가 벌인 "렛츠 무브"Let's Move(아동의 비만 방지 캠페인), "조이닝 포스"Joining Forces(전역·현역 장병의 가족 지원 캠페인), "리치 하이어"Reach Higher(저소득층 학생의 대학 진학 장려 캠페인) 등이 젊은 세대에게 충분히 영감을 줄 만한 것이라고 보았기 때문이다. 미셸 오바마가 해온 일들은 도서관의 미션과도 일치하는 것이었다.

하지만 곧이어 여론의 반발이 뒤따랐다. 시 위원회 모임에서는 도서관에 롱비치 지역의 인사 이름을 붙여야 한다며 항의했다. 급기야 2016년 1월, 지역 주민들은 도서관의 이름을 논의하는 워크숍을 열었다. 이 자리에서 미셸 오바마의 이름을 따오는 데 대한 찬반 의견이 나뉘었는데, 주로 백인들이 반대 의사를 밝혔고 그 외의 사람들은 압도적으로 찬성했다. 결국 시 위원회는 2016년 2월 7일 공식적으로 도서관의 이름을 현재와 같이 확정했다.

영부인의 이름을 딴 새로운 도서관이 문을 열다

2016년 9월 10일, 드디어 미셸 오바마 마을 도서관이 개관했다. 도서관에 자신의 이름을 넣게 된 영부인은 개관식에 참석하지 않았지만, 훗날 이곳을 방문하겠다는 가능성을 내비쳤다. 9만 2000여 명의 지역 주민에게 서비스를 시작하게 된 이 도서관은 2276제곱미터 규모에 256명을 동시에 수용할 수 있는 커뮤니티 룸, 50석 규모의 스토리타임 극장, 113석짜리 강의실, 23인을 수용할 수 있는 작은 모임실 등을 갖추었다.

최근 개관한 도서관답게 건물은 모던하고 깔끔하며, 사방의 유리창에서 햇볕이 들어와 실내는 상당히 환했다. 태블릿 PC처럼 생긴, 쉽게 조작할 수 있는 도서반납기, 그 아래 놓인 책 바구니, 도서

72

태블릿 PC처럼 보이는 것이 도서반납기이다. 새로 건립된 도서관답게 산뜻하고 편리한 첨단 시설들이 갖춰져 있어 시선을 끌었다.

반납기 뒤편에 있는 자동도서분류기 등 산뜻한 첨단 시설들도 시선을 끌었다. 어린이실에는 컴퓨터를 하거나 누워서 책을 읽는 아이들이 보였다. 성인 자료실은 사람들이 곳곳에서 책을 읽고, 노트북으로 개인 작업을 하고, 휴대폰을 만지작거리고, 함께 온 친구와 이야기를 나누는 등 여유로운 분위기였다.

미국 공공도서관의 최신 트렌드를 반영한 듯 6학년부터 12학년까지의 학생들이 이용하는 청소년 전용 공간 '틴 스페이스Teen Space'가 조성되어 있었는데, 내부가 환하고 깨끗한 데다가 이용자도 많아 생기가 넘쳐흘렀다. 청소년들로부터 듬뿍 사랑받는다는 느낌이 드는 곳이었다.

한편 미셸 오바마 마을 도서관에서 가장 활기 넘치는 곳은 '러닝랩Learning Lab'이라는 이름의 메이커스페이스였다. 도서관 가장 안쪽

73

◆

미셸 오바마 마을 도서관의 메이커스페이스, 러닝 랩. 다양한 기자재를 갖추고 있으며,
여러 프로그램을 운영하여 이용자들의 메이커 활동을 돕고 있다. 또한 이곳은 가족 학
습 센터로서의 역할도 함께하는 배움의 공간이다.

에 있는 러닝 랩 입구에는 3D 프린터가 놓여 있고, 컴퓨터와 태블릿 PC를 비롯해 3D 스캐너, 3D 펜, 소형 커팅기, 그라인더 등의 기자재도 있다. 러닝 랩은 6세 이상의 어린이를 비롯해서 청소년, 성인 등 거의 모든 연령층을 대상으로 하는 다양한 프로그램을 진행하고 있다. 음악 만들기, 사진 편집, 3D 프린팅, 양초 만들기, 과학 실험, 가상현실VR 체험, 컴퓨터 기초 수업 등 프로그램의 내용도 상당히 다채롭다.

러닝 랩의 담당자인 엘리자베스 세스풀리오 사서는 마침 새로운 CNC 조각기를 들여왔다며 그 기계를 작동해 보여주었다. 다른 메이커스페이스에서 보았던 CNC 조각기보다 크기가 작았지만, 소음이 크지 않고 비교적 안전해 보였다. 아직 이용자들에게 사용법을 알려주기 전이었고, 러닝 랩의 전문 메이커가 미리 써보면서 기계에 문제가 없을지 이것저것 점검해보는 상황이었다.

러닝 랩의 정면에 있는 화이트보드에는 '안전한 메이커스페이스 사용을 위한 가이드라인'이 눈에 띄게 붙어 있다. 미리 준비를 할 것, 실험할 때는 적절한 옷을 입고 보호 장비를 갖출 것, 기계는 사용법에 맞게 쓸 것, 배우고 탐구할 것, 실패하더라도 끈기 있게 꾸준히 할 것, 작업 후에는 깨끗이 정리할 것, 부상이나 사고가 발생하면 즉각 보고할 것, 이 일곱 가지 규칙이 메이커스페이스에서 지켜야 할 것들이다.

그런데 이곳의 이용자들이 모두 메이커 활동만 하는 것은 아니었다. 보호자로 보이는 이들과 함께 있는 초등학생들이 간혹 보였는데, 이는 러닝 랩이 넓은 범주의 '가족 학습 센터Family Learnin Cener'로 운영되고 있기 때문이었다. 즉 이곳은 성인이 어린이의 숙제를 도와주는 식의 활동도 함께하는 공간이었다.

지역 주민들에게 사랑받는 도서관 텃밭

미셸 오바마 마을 도서관만의 독특한 점은 도서관 앞마당에 텃밭 정원이 있다는 것이다. 대개의 도서관들은 정원이 딸려 있는 경우 멋진 관상용 나무와 꽃을 심는다. 그에 반해 이 도서관은 앞마당에 나무로 짠 큰 상자 텃밭들을 설치한 뒤 커뮤니티 가든이라고 부르고 있다.

직원의 설명에 의하면, 미셸 오바마 마을 도서관은 개관 전부터 건강한 북부 롱비치 연합Coalition for Healthy North Long Beach과 협력하여 텃밭 가꾸기 프로젝트를 위한 자금을 모으고, 함께할 전문가와 자원봉사자를 모집했다고 한다. 이후 주민들의 일상적 먹거리 야채, 이를테면 양배추, 케일, 토마토, 허브, 양파 등을 이곳에서 경작하고 수확했다. 미셸 오바마 역시 백악관에서 텃밭을 가꾸었으니 도서관의 이름과 활동이 이렇게도 맞아떨어진 셈이다.

사람들은 도서관에 책을 빌리러 왔다가 뜻하지 않게 요리에 필요한 재료를 얻어가는 행운을 누리게 되었다. 커뮤니티 가든은 금세 지역 주민들의 관심을 끌었으며, 도서관은 여기에 더해 텃밭 강좌를 진행함으로써 주민들의 관심을 한 걸음 더 나아가게 해주었

미셸 오바마 마을 도서관의 외관. 도서관 앞마당에 나무로 짠 큰 상자 텃밭들을 두고서 커뮤니티 가든을 운영하고 있다. 양배추, 케일, 토마토, 허브, 양파 같은 다양한 채소들을 재배하는데, 지역 주민들에게도 인기가 많다.

미셸 오바마 마을 도서관의 자료실. 새로 지어진 도서관답게 모던하면서도 깔끔하며, 바깥에서 햇볕이 들어와 실내는 상당히 환하다.

다. 2018년 1월 15일에는 흑인 인권운동가 마틴 루서 킹이 태어난 날을 기념해 그를 기리면서 커뮤니티 서비스 프로젝트를 진행하려는 수십 명의 자원봉사자들이 이곳에 모여들었다. 이들은 커뮤니티 가든에 과실수와 작물을 심고 물을 주면서 향후의 활동에 대한 생각과 마음을 나누었다. 그렇게 이곳은 지역 주민들의 공간으로 자리 잡았다.

최근 미국의 공공도서관에서는 새로운 시도로서 메이커스페이스와 같은 창의적 공간을 조성하고 있다. 2012년 3월 미국 뉴욕주 오논다가 카운티의 한적한 교외 도서관에서 시작된 메이커 열풍은 코네티컷주 웨스트포트 도서관Westport Library의 메이커스페이스, 워싱턴 D.C.의 마틴 루서 킹 주니어 기념 도서관Martin Luther King Jr. Memorial Library의 패브리케이션 랩Fabrication Lab에 이르면서 전문적인 시설과 장비를 갖추었다.

그런데 이러한 흐름은 분명 미국 공공도서관에서 또렷이 엿보이지만, 모든 도서관에 널리 퍼진 것은 아니다. 2018년 뉴욕과 로스앤젤레스의 공공도서관을 둘러보았을 때, 심지어 이곳의 몇몇 현장 사서들은 메이커스페이스라는 개념을 처음 들어본다고 말하기도 했다. 그만큼 이는 미국에서도 새로운 시도인 것이다.

메이커스페이스에 필요한 기본 요소로는 만드는 사람인 메이커, 만들 수 있는 재료와 도구, 만들 수 있는 가능성의 공간을 든다. 그런데 이때의 공간이란 특정한 단일 영역이 아니라 만들기가 일어나는 모든 공간을 말한다. 또한 3D 프린터 같은 최신 기자재를 반드시 갖춰야만 하는 것도 아니다. 미셸 오바마 마을 도서관의 커뮤니티 가든 역시 이따금 우리가 보아왔던 텃밭이지만 사람들이 먹거리를 키워내고 있으므로 넓은 범주로 본다면 메이커스페이스에 속할 것이다. 무언가를 만들고자 하는 사람들이 최소한의 재료와 도구를 이용해 활동할 수 있는 곳이라면, 그곳이 바로 메이커스페이스인 것이다.

한국에서는 메이커스페이스를 기자재 중심으로 바라보면서 새로운 제품을 만들어 경제 문제를 해결하는 공간으로 인식하는 경향이 강하다. 정부 주도의 창조 경제 정책을 지원하기 위한 수단으로 활용되어온 측면이 있는 것이다. 하지만 메이커 운동의 발상지인 미국의 경우, 메이킹의 범주는 훨씬 포괄적이다. IT나 기계와 관련한 활동을 넘어선 다양한 문화적·예술적 활동이 모두 메이킹에 포함된다.

사실 대부분의 공공도서관들은 오랜 동안 각종 공예 활동, 글쓰기 워크숍, 기술 관련 강좌 등을 진행하면서 여러 형태의 메이킹 활동을 지원해왔다. 복사기, 인쇄기, 컴퓨터, 인터넷 등 생활에 필요한 테크놀로지 또한 무료로 제공해왔다. 커뮤니티의 지적, 사회적, 문화적, 오락적 필요를 충족시켜주는 것은 도서관이 이어온 소중한 전통이다. 디지털 기술의 발달로 이제 도서관은 상상력과 창의력을 펼칠 수 있는 활동을 확장할 또 다른 방법을 모색하고 있다. 그 덕분에 다양한 방식의 배움과 메이킹 활동이 일어나고 있다. 그런 의미에서 모든 공공도서관은 예나 지금이나 여전히 메이커스페이스이다.

06

마을은 작을지라도
도서관은
크고 다채롭다

◆ 파운틴데일 공공도서관 Fountaindale Public Library

◆ 뉴포트 비치 공공도서관 Newport Beach Public Library

파운틴데일 공공도서관의 자료실 안내 데스크.
자료 대출을 중심으로 하는 기존 서비스는 여전히 계속되고 있다.
하지만 그 외에 다른 것이 있다. 분명 변화가 일어나고 있다.

눈을 감고서 공공도서관을 떠올려보라. 독서실 형태의 열람실, 시험 준비로 바쁜 학생들, 책으로 빽빽한 서가 등이 떠오른다면 당신은 이제 그 낡은 생각을 버리는 게 좋겠다. 적어도 미국의 공공도서관들은 변했다. 지금도 끊임없이 변하고 있다.

단행본과 정기간행물 같은 아날로그 자료만이 아니라 오디오북, 음악 CD, 영화 DVD도 대출할 수 있다. 도서관 홈페이지에 들어가 로그인하면 수만 권의 전자책과 수백 종의 전자 잡지, 전문적인 학술 데이터베이스, 교육용 동영상 강좌까지 볼 수 있다. 최신 음악과 영화도 온라인 스트리밍으로 즉각 다운로드된다. 자료 서비스만 확대된 것이 아니다. 메이커스페이스나 디지털 미디어 스튜디오 같은 공간의 신설 또한 예사롭지 않다. 콘텐츠를 향유하는 소비자에서 콘텐츠를 제작하는 창작자로 이용자들이 바뀌어간 점은 특히 주목할 만하다.

이러한 변화는 단지 시대가 바뀌고 기술이 발전해서 벌어진 일이 아니다. 자료와 정보의 제공에서 지역 사회와 이용자 중심으로 공공도서관의 서비스 기반이 바뀌면서 벌어진 일이다. 내가 가본

83

파운틴데일 공공도서관의 외관. 나무 그림자 무늬가 들어간 유리 벽면이 외관의 상당 부분을 감싸고 있으며, 인근 공원과 부드러운 조화를 이루고 있다. ⓒ Nagle Hartray Architects

미국의 공공도서관 중에서 가장 급진적으로 진화한 사례를 꼽으라면 단연코 파운틴데일 공공도서관Fountaindale Public Library을 말할 것이다.

이 도서관의 폴 밀스 관장은 시대의 흐름을 주시하면서 도서관이 어떻게 바뀌어야 할지 모색하고 그 방향을 설정해 변화를 진두지휘해왔다. 일리노이 베네딕틴 대학에서 역사학을 전공한 뒤 도미니칸 대학에서 문헌정보학 석사 학위를 취득한 그는 2011년부터 파운틴데일 공공도서관의 관장으로 일하고 있다. 폴 밀스 관장은 자부심을 가득 담아 이렇게 말해왔다. "이용자들이 우리가 제공하는 서비스에 환호하고 이를 지속적으로 이용하는 것을 지켜보는 것은 참으로 흥분되는 일입니다. 우리 도서관은 지역 사회를 위해 자료와 프로그램을 제공하며, 새로운 이용자에게 다가가려는 노력을 아끼지 않습니다."

파운틴데일 공공도서관의 1층 자료실. 독특한 유리창을 통과한 햇볕이 내부에 어른거리는 그림자를 만들어낸다. 맨 아래의 유리는 투명해서 창밖의 공원이 한눈에 들어온다.

이용자를 콘텐츠 소비자에서 창작자로 이끄는 파운틴데일 공공도서관

미국 일리노이주 볼링브룩 시에 있는 파운틴데일 공공도서관은 1970년 파크 뷰 스쿨Park View School에 임시 공간을 만들면서 시작되었다. 이후 주민 투표를 거쳐 1975년 새로운 도서관 건물을 건립했으며, 30여 년간 지역 주민들의 사랑을 듬뿍 받아왔다. 그런데 파운틴데일 공공도서관은 시시각각 변하는 시대에 걸맞게 다시 한번 변화를 시도한다. 설문 조사를 통해 주민들의 의견을 수렴한 뒤 2011년 3월 7일, 1만 590제곱미터에 4층 규모의 새로운 건물로 재개관한 것이다. 끊임없이 지역 사회의 목소리에 귀 기울이고 이를 반영하면서 파운틴데일 공공도서관은 발전을 거듭해왔다. 이는 단지 건물만의 변화에 그치지 않았다.

도서관에서 발행한 2018년 연간 보고서에 의하면, 소장 장서 수

85

는 35만여 권, 연간 대출 건수는 91만 3700여 건이다. 도서관이 서비스해야 할 인구는 6만 7600여 명인데, 풀타임 직원은 81명이고 2019년 예산은 1167만 5870달러(한화로 약 138억 원)에 달한다. 서비스해야 할 인구수에 비해 직원 수와 예산 규모는 상당히 넉넉한 편이다.

파운틴데일 공공도서관의 외관은 인근 공원과 부드러운 조화를 이루며, 단순하지만 강렬하다. 원래 이곳은 나무 하나 없는 저류지와 야구장이 있던 곳인데, 도서관 건립을 계획하면서 공원이 조성되었다. 건물 외관의 상당 부분을 둘러싸고 있는 유리가 매우 독특한데, 나무 그림자를 사진으로 찍은 뒤 디지털화해서 특별 제작한 것이다. 반짝이는 햇살이 이 유리를 통과해 도서관에 내비치면 어른거리는 숲 그림자를 만들어낸다. 밤에는 이 유리 벽이 마치 레이스 베일처럼 도서관을 감싸는 듯하다.

공간 구성과 인테리어를 보더라도 이 도서관이 어떤 변화를 모색하고 있는지 알 수 있다. 현대적 느낌의 대형 열람실, 따스한 친밀감이 감도는 스터디 룸이 있는가 하면, 도서관 곳곳에 편안한 1인용 소파를 비롯해 잠깐 걸터앉을 수 있는 벤치도 놓여 있다. 어린이실에는 스토리텔링 공간과 함께 군데군데 자유로운 워크숍 공간이 있으며, 아이들이 만든 창작물이 곳곳에 전시되어 있다. 자료 중심에서 이용자 중심으로 도서관의 서비스 방향이 바뀌면서 도출된 결과다.

2층으로 올라가면 청소년을 도서관의 평생 이용자로 만들기 위

❶ 파운틴데일 공공도서관의 어린이실. 다양한 활동을 할 수 있는 테이블이 있고, 아이들이 만든 창작물도 곳곳에 전시되어 있다.

❷ ❸ 파운틴데일 공공도서관의 청소년 전용 공간 보텍스. 자유로움이 가득한 분위기의 공간으로 지역 청소년들의 마음을 사로잡았다.

해 기획된 이들의 전용 공간 보텍스Vortex가 있다. 이곳에는 성인 자료실의 축소판처럼 청소년을 위한 다양한 장서와 자원이 비치되어 있다. 책뿐만 아니라 데스크톱 컴퓨터와 노트북, 멀티미디어 자료, 그리고 각양각색의 그림이 그려진 스케이트보드도 있다. 다이내믹한 에너지가 넘쳐 보이는 무대, 미디어 상영 공간, 각종 모임 때 이용되는 대형 테이블도 있다. 보텍스는 청소년만의 비밀을 보장하겠다는 듯 도서관의 다른 공간과 별도로 분리되어 있으며, 인테리어에서는 창의성과 자유로움이 넘쳐난다. 한쪽 벽면 전체가 애니메이션 벽지로 도배되어 있어서 발랄한 분위기가 감돈다. 물론 이곳은 금세 지역 청소년들의 마음을 사로잡았다.

이용자에게 새로운 경험을 선사하는 곳, 스튜디오 300

한편 파운틴데일 공공도서관에서 가장 주목할 만한 곳은 스튜디오 300이다. 새로 도서관을 지을 때부터 지하에 디지털 미디어 스튜디오 공간으로 650제곱미터를 마련해두었는데, 도서관이 재개관한 뒤 2년간의 준비를 거쳐 2013년 3월 16일 문을 열었다. 스튜디오 시설 구축에 300만여 달러(한화로 35억 6100여만 원), 내부 장비 구매에 60만여 달러(7억 1200여만 원)가 든 공간이다.

스튜디오 300은 전문 소프트웨어를 겸비한 컴퓨터 랩에다가 방음 시설이 완비된 오디오 녹음 부스, 조명 장비를 갖춘 비디오 녹화 스튜디오, 테크놀로지로 충만한 협력 회의실 등을 갖추었다. 도

파운틴데일 공공도서관 지하에 있는 스튜디오 300. 컴퓨터가 비치된 좌석이
있으며, 오디오 녹음 부스와 비디오 녹화 스튜디오 등도 갖추고 있다.

서관 카드만 있다면 누구든 이곳을 드나들면서 비디오카메라, 마
이크로폰, 음악 및 영상 장비, 스튜디오 조명 등을 마음껏 쓸 수 있
다. 미디어 활동과 창작에 대한 이용자들의 요구를 대부분 만족시
킬 수 있는 최신 기술과 최고급 기기를 갖춘 연구실인 것이다.

이곳에서 사람들은 밴드 음악을 녹음하고, 홈 비디오를 편집하
고, 화상 모임을 개최하고, 학교 프로젝트를 협업해 진행한다. "돈
들이지 않고도 미디어 교육을 받을 수 있었어요. 프로젝트를 진행
하고, 다양한 실험도 해봤죠. 스튜디오 300의 전문 직원들이 도와
준 덕분이에요. 앞으로도 새로운 것을 배우고 익혀서 더욱 도전적
인 작업을 해보고 싶습니다." 이곳을 이용하는 한 시민의 말이다.

스튜디오 300의 일상은 매일매일 다채로워서 전형적인 하루라
고는 없다. 하지만 이 일상을 관통하는 특징이 있다. 이곳의 자원을

스튜디오 300의 창고에 비치해둔 다양한 장비들. 도서관 카드만 있다면 이들 장비를 무료로 쓸 수 있고, 장비를 사용할 때 필요한 교육도 받을 수 있다.

활용하는 이용자들은 미디어의 소비자가 아니라 디지털 콘텐츠의 창작자라는 것이다. 이용자들을 능동적으로 끌어내기 위해 스튜디오 300에서는 오디오, 비디오, 사진, 애니메이션 등과 관련한 강의를 한 달에 40여 개나 열고 있다. 어린이 및 청소년 서비스 부서와 협력하여 이들을 대상으로 한 강의도 진행한다. 일시적으로 청소년에게만 공간을 개방한 뒤 팟캐스트, 음악, 영상 만들기 활동을 벌이기도 한다.

　이러한 작업의 다양한 성공 사례들은 도서관의 온라인 채널에 공유된다. 이미지 편집 프로그램을 이용해 사진을 손본 뒤 이전과 이후 사진을 비교해볼 수 있도록 함께 모아 도서관의 플리커 계정에 올리기도 하고, 각종 행사 동영상을 찍어서 편집한 뒤 도서관 블로그에 올리기도 한다. 물론 이용자들이 개인 SNS에 작업 결과를 공유하기도 한다. 도서관에서는 상시적으로 스튜디오 300에서 열리는 다양한 행사들을 안내하고, 보유하고 있는 장비와 소프트웨어를 소개하고, 각종 이용 정보를 제공한다.

한편 도서관을 이끌어가는 데는 사서를 비롯한 내부 인력의 힘이 필요하지만, 이용자의 노력 역시 한몫을 한다. 파운틴데일 공공도서관에는 '도서관의 친구들'이라는 자원봉사자 모임이 있다. 이들의 주요 활동은 도서관 안에 있는 중고 서점 '프렌즈 북 셀라^{The} ^{Friends Book Cellar}'를 운영하면서 도서관 후원금을 모으는 것이다. 서점에서는 비교적 상태가 양호한 중고 서적, CD, DVD를 비롯해서 이용자들이 기부한 물품을 판매한다.

'도서관의 친구들'이 되는 법은 간단하다. 회원 신청서만 제출하면 된다. 하지만 회원이 되면 서점에서 봉사 활동을 해야 할 뿐만 아니라 연회비도 내야 한다. 봉사를 하는데 연회비까지 낸다니 의아할지 모르겠는데, 이들은 이 모든 것을 지역 사회를 위한 일로 여기며 기꺼이 감수한다. 연회비는 학생 2달러, 60세 이상 및 도서관 직원 4달러, 그 밖의 개인 6달러, 가족 단위 10달러, 사업체 40달러, 평생회원 100달러이다.

파운틴데일 공공도서관에만 있는, 지역 주민을 지원하는 색다른 방법도 이채롭다. 도서관의 입구 옆에는 '마이크로 팬트리^{Micro} ^{Pantry}'라는 미니 식료품 저장고가 있다. 이용자가 대출 자료를 연체했을 때 이곳에 음식이 든 캔 한 개를 기부하면 도서관에서는 2달러의 연체료를 삭감해준다. 음식 캔을 위주로 받지만, 비누와 치약

파운틴데일 공공도서관의 입구 근방에 있는 마이크로 팬트리. 도서관 이용자의
아이디어에서 출발해 이용자가 직접 디자인하고 제작한 것이다.

같은 세면 용품도 함께 기부받는다. 누구든 기부할 수 있으며, 물품
이 필요하면 누구든 눈치 보지 않고 자유롭게 기부된 물품을 가져
갈 수 있다.

마이크로 팬트리는 볼링브룩 시에 거주하는 스콧 실먼[Scott Silmon]
과 애슐리 실먼[Ashley Silmon] 남매가 디자인하고 제작했다. 전국 도서
관 주간이었던 2019년 4월 7일, 이들 남매는 마이크로 팬트리의 그
랜드 오프닝 행사를 열면서 이렇게 말했다. "볼링브룩은 훌륭한 커
뮤니티입니다. 우리는 무언가를 필요로 하는 사람들을 위해 그 무
언가를 하고 싶었어요. 마이크로 팬트리가 지역 사회에 더욱 긴밀
한 연대를 만들어낼 수 있으리라고 생각합니다." 파운틴데일 공공
도서관은 이러한 연대를 끌어안는 공간으로 자리매김하면서 더더
욱 지역 사회의 든든한 버팀목이 되고 있다.

뉴포트 비치 공공도서관의 자료실. 파란색 서가가 시원해 보이며, 공간이 넓어서 무척 쾌적하다. 소장 자료도 상당히 많은 마을 도서관이다.

작은 마을, 큰 도서관, 놀라운 서비스

미국의 소도시 공공도서관을 다니다 보면, 부러움과 함께 놀라움이 밀려든다. 지금까지 이야기한 파운틴데일 공공도서관에 이어 소개할 뉴포트 비치 공공도서관Newport Beach Public Library 역시 그런 도서관 중 하나다. 캘리포니아주 뉴포트 비치 시에 있는 이 도서관은 8만 4900여 명의 주민에게 서비스하고 있는데, 6596제곱미터의 건물에 카페와 미디어 랩, 콘퍼런스 룸 등을 갖추고 있다. 소장 자료는 인쇄 자료가 24만 4300여 권, 시청각 자료가 5만 6200여 점, 전자책이 2만 1500여 권이나 된다. 뉴포트 비치 시에는 중앙도서관 역할을 하는 이 도서관 외에 공공도서관이 세 개나 더 있다.

뉴포트 비치 공공도서관은 지역 사회에 책만을 제공하는 곳이

93

뉴포트 비치 공공도서관의 미디어 랩. 외관만 보면 한국 공공도서관의 컴퓨터실과 달라 보이지 않지만, 이곳은 디지털 미디어 작업에 중점을 둔 공간이다.

아니다. "뉴포트 비치에서 문화, 교육, 정보의 심장" 역할을 하는 것, 그것이 바로 이 도서관의 미션이다. 이를 바탕으로 도서관은 작가 강연회, 전시회 등을 개최한다. 일요일 오후에는 도서관 앞마당에서 바이올리니스트, 피아니스트, 가수 등이 '선데이 뮤지컬'이라는 라이브 행사를 여는데, 많은 사람들이 이를 보기 위해 몰려든다.

　뉴포트 비치 공공도서관은 평생교육 기관으로서 최신 장비를 갖추고 누구에게나 평등하게 최고의 정보와 기술을 제공한다. 이곳의 콘텐츠 창작 공간인 '미디어 랩'은 외관만 보면 한국 공공도서관의 컴퓨터실과 별반 다르지 않다. 하지만 문서 작업보다는 디지털 미디어 작업에 중점을 둔 공간이라는 데 차이가 있다. 이곳의 컴퓨터로는 사진, 음악, 영상, 웹 등의 작업을 할 수 있다. 또한 미국 최대의 온라인 강좌 사이트 린다닷컴 Lynda.com 에 접속해서 작업에

뉴포트 비치 공공도서관의 미디어 랩 내부에 있는 스튜디오. 공간 대여를 신청한 뒤 개별적으로 녹음과 편집 작업을 할 수 있는 곳이다.

필요한 소프트웨어 기술을 배울 수도 있다. 전문적인 온라인 강좌를 무료로 들으면서 오토캐드, 드림위버, 파이널 컷 프로, 인디자인, 일러스트레이터 등의 프로그램을 익힐 수 있는 것이다.

이처럼 미디어 랩은 도서관의 자원을 활용해서 자신의 콘텐츠를 직접 제작하는 공간이다. 또한 녹음 스튜디오, 그래픽 및 비디오 제작 공간, 전자책 제작 공간, 팟캐스트 방송 센터 등으로 용도 변경이 가능하다. 파운틴데일 공공도서관의 스튜디오 300이 그러했듯이, 뉴포트 비치 공공도서관의 미디어 랩은 정보와 자료 제공으로 대표되는 도서관의 기본적 기능에 문화 콘텐츠 창작이라는 새로운 의미를 더해가고 있다.

미국의 소도시 공공도서관을 우리의 공공도서관과 견주어보면 여러 생각이 든다. 2018년을 기준으로 간단한 비교를 해볼까. 앞

뉴포트 비치 공공도서관의 시원한 외관. 널찍한 앞마당에서는 일요일 오후마다 '선데이 뮤지컬'이라는 라이브 행사가 열려서 많은 이들이 찾는다. 개와 함께 앉아 있는 이용자의 모습이 무척이나 여유로워 보인다.

서 언급했지만, 뉴포트 비치 공공도서관이 서비스하는 인구는 8만 4900여 명이고, 건물 면적은 6596제곱미터에 소장 자료는 32만 2000여 점이다. 인구만을 본다면, 이곳은 전북 김제시(8만 5000여 명) 규모의 도시이다. 그런데 뉴포트 비치 공공도서관은 그보다 인구가 대여섯 배 되는 한국의 지역 대표도서관급 건물 크기와 장서 규모를 갖추고 있다. 이 도서관과 비슷한 규모의 한국 도서관을 살펴보면, 경기도 안산시 중앙도서관이 6668제곱미터 규모인데 소장 자료는 28만 4700여 점에 인구수는 66만 400여 명이나 된다. 면적이 6059제곱미터인 인천시 계양도서관을 보더라도, 소장 자료는 21만 500여 권이고 인구수는 31만 3500여 명이다. 미국 공공도서관들은 최근 리모델링을 해서 확장했거나 이를 계획 중인 곳이 많다. '슈퍼 라이브러리'를 지향하는 흐름이 보이는 것이다.

　뉴포트 비치 공공도서관은 건물 크기와 장서 규모도 대단하지만 이용률도 상당하다. 2017년 한 해 동안 120만여 명의 방문자가 도서관을 찾았는데, 일반 자료는 146만 4600여 건 대출되었고 전자 자료는 95만 2600여 건 다운로드되었다. 2018년에 비슷한 규모지만 인구수는 현격하게 차이가 나는 경기도 안산시 중앙도서관에서 35만 8800여 건, 인천시 계양도서관에서 28만여 건의 자료가 대출되었으니, 자료 이용률에서 네다섯 배의 차이가 난다. 여기에다가 한국 공공도서관에서는 기대하기 어려운 레퍼런스 서비스(사서가 이용자의 질문에 직접 답을 찾아 알려주는 서비스)는 15만 7100여 건, 기술적 도움은 2만 8800여 건이나 된다.

최고의 도서관은 든든한 재정 지원과 인적 자원에서 비롯된다

미국 도서관을 방문할 때 나를 안내해준 사서들은 묻곤 했다. 당신은 한국의 어느 도서관에 근무하느냐고. 서울 강남구립 대표 공공도서관에서 일한다고 말해주면, 모두들 부럽다는 듯 나를 쳐다보곤 했다. 싸이의 〈강남 스타일〉 뮤직비디오로 강남을 알게 된 이들로서는 화려한 거리와 고층 아파트 가득한 한국의 비버리힐즈로 강남을 떠올리기 때문이다.

공공도서관은 모든 이들이 무료로 이용하지만 세금으로 운영되는 공간이다. 미국에서는 매년 재산 규모에 비례하게 재산세를 납부하는데, 여기에 도서관 세금이 포함되어 있다. 재산세 중에서 몇 퍼센트를 도서관 세금으로 매길지는 지역 주민들이 결정한다. 이들에게 도서관은 마땅히 누려야 할 권리를 행사하는 공간이라기보다는 지역의 자산으로 응당 유지하고 발전시켜야 할 의무와 책임이 있는 공간이다. 또한 지역 주민의 문화, 경제, 의식 수준을 엿볼 수 있는 곳이기도 하다. 내가 강남의 도서관에서 일한다고 했을 때 미국의 사서들이 부러운 듯 쳐다보았던 진짜 이유는, 그런 부자 동네라면 건물 규모가 크고 소장 장서도 대단하고 인테리어도 화려하고 최신의 기술과 장비를 갖춘 도서관이 있으리라고 지레짐작했기 때문이다.

미국 시민들의 도서관 사랑은 각종 기부금을 통해서도 알 수 있다. 도서관은 자료실에 기부자 이름이 적힌 명패를 걸기도 하고, 현

◆

❶ 미국 노스브룩 공공도서관의 현관 보도블록. 도서관에 기부한 이들의 이름을 촘촘히 새겨놓았다.

❷ 미국 게일 보든 공공도서관의 중고 서점. 미국에서는 대부분 자원봉사자들이 도서관 내에 있는 서점을 운영하고 있다. 이곳의 수익은 도서관에서 신간을 구입하는 데 쓰인다.

❸ 미국 노스브룩 공공도서관에 비치된 사서 추천 도서 목록. 주제별로 다양한 책들을 갈무리해 소개하고 있는데, 사서들의 공력이 느껴진다.

관 보도블록에 기부자 이름을 새겨 넣기도 한다. 도서관 내부의 한 공간을 기부금으로 조성한 뒤 기부자의 이름을 붙이는 경우도 흔하다. 이렇게 도서관은 시민들의 지원을 통해 든든하게 자리매김하는 것이다.

다시 뉴포트 비치 공공도서관의 통계를 살펴보면, 2016년 이 도서관의 예산은 749만 581달러(한화로 약 88억 9100만 원)였으며, 스무 살 인턴부터 숙련된 시니어 사서까지 포함해 직원은 총 80명인데 이 중 풀타임 직원 수는 59.5명이었다. 2017년 한국의 공공도서관은 1042개 중에서 사서 자격증을 가진 사서가 없는 곳이 50개에 달하며, 한 도서관의 평균 사서 수도 4.3명에 불과하다. 비교가 무색할 만한 수치다.

미국의 공공도서관은 예산이나 인적 자원이 상당하며, 이를 기반 삼아 교육, 경제·경영, 기술, 다문화 등 다양한 분야의 이용자 맞춤 서비스를 제공한다. 여기에 더해지는 자원봉사자들의 노력도 빼놓을 수 없다. 뉴포트 비치 공공도서관에서는 100여 명 이상의 주민들이 한 해 동안 평균 1만 2000여 시간에 이르는 봉사 활동을 하고 있다. 자원봉사자들이 운영하는 서점에는 20년 이상 봉사해온 이들이 있을 정도다.

작은 마을의 큰 도서관, 그리고 놀라운 서비스는 바로 이러한 것들이 함께 만들어낸 것이다. 도서관 자체만큼이나 그것을 가능하게 한 요소들이 부러우면서도 역시 놀랍다.

07

이용자를 품으면서
변화하는
최고의 공공도서관

널찍하고 쾌적한 거실 같은 공간.
이곳은 7만 6100여 명의 주민에게 서비스하면서 한껏 사랑받고 있는
알링턴 하이츠 기념도서관의 성인 자료실이다.

대도시인 시카고를 포함해 그 인근 교외를 아우르는 지역을 시카고 랜드Chicago land라고 부른다. 미국의 마을 공공도서관을 살펴보기 위해 시카고에서 기차로 한두 시간쯤 걸리는 위성도시들의 공공도서관을 둘러보았다.

사실 나는 5년 전에 이들 도서관을 방문한 적이 있다. 그런데 다시 보게 된 시카고 랜드의 공공도서관들은 꽤 달랐다. 세계의 제법 괜찮은 공공도서관을 두루 다녀본 나에게도 이들 도서관의 변화는 상당히 충격적이었다. 그간 지속적으로 세계 도서관을 탐방하면서 경험이 쌓이고 지식이 넓어지고 시선이 깊어진 덕분에 더 많은 것들이 내 눈에 들어왔을 것이다. 이 탐방을 통해 미국 공공도서관이 어떤 변화를 지향하고 있고, 이용자들은 어떻게 달라지고 있는지 감지할 수 있었다.

여행의 첫날, 스코키 공공도서관Skokie Public Library을 찾아가 리처드 공 관장을 만난 것은 천우신조였다. 그는 대화를 나눈 지 30분도 채 안 되어서 내가 어떤 정보를 얻고자 하는지, 그리고 어디로 가서 누구를 만나 무엇을 봐야 하는지 정확히 파악했다. 자신이 주재하는 회의에 15분이나 늦어버려서 모든 직원들이 대기하고 있음에도, 그는 여기저기 전화를 걸어 나를 소개한 뒤 도움을 청했다. 그리고 회의가 끝나자마자 내가 만나야 할 사람들에게 나를 잘 도와달라는 메일을 보내주었다. 그는 난생처음 본 나에게 호의를 베푼 매우 친절한 공공도서관 관장이자 동시에 최고의 레퍼런스 사서였다.

그렇게 둘러보기 시작한 시카고 랜드의 도서관들은 외관은 물론 내부도 제각각 남달랐다. 소도시의 공공도서관임에도 대학도서관을 방불케 하는 성인 자료실, 다양하고 풍부한 데이터베이스를 기반으로 경험 많은 사서들이 제공하는 전문 레퍼런스 서비스는 정말 감탄스러웠다. 어린이실의 독특하면서도 따사로운 인테리어는 시선을 단박에 사로잡았다. 널따란 열람실은 책을 읽고 싶은 마음이 들 만큼 쾌적했고, 자꾸 찾아가고 싶을 만큼 매력적이었다. 과시하듯 책을 전시하는, 책이 주인공인 공간이 아니라 그 안에서 오래 머물고 싶어지는, 이용자를 위한 휴식 공간이었다.

장서의 규모 또한 압도적이었다. 그 수에 있어서도 놀랐지만, 대출 자료의 다양성도 눈여겨볼 지점이었다. 오디오북, 음악 CD, 영화 DVD처럼 기존의 공공도서관이 꾸준히 확장해온 자료 영역이 있는가 하면, 새로이 등장한 대여 물품은 통념을 뛰어넘었다. 스피커, 스캐너, 턴테이블, DVD 플레이어, LED 프로젝터, 가라오케 기기, 디지털 카메라, 3D 펜, 마이크로폰, 가상현실 헤드셋, 킨들 같은 전자 기기를 비롯해서 프라이팬, 와플 메이커, 공구 세트, 전기 사용량 모니터와 같은 생활 용품, 장난감 세트, 전자 게임기, 보드 게

❶ 미국 엘름허스트 공공도서관의 성인 자료실. 창밖으로 푸른 자연을 만끽하며 편안한 소파에 앉아 책을 읽을 수 있다.

❷ 미국 샴버그 타운십 지구 도서관의 레퍼런스 사서 데스크. 숙련된 사서들이 자리를 지키고서 이용자들의 질문을 기다리고 있다.

❸ 미국 인디언 트레일스 공공도서관에서는 사진의 왼쪽 아래에서 볼 수 있듯이 드라이브 스루 방식으로 이용자들이 책을 반납할 수 있다.

◆

❶ 미국 스코키 공공도서관에 비치된 과학·예술·수학 교육 관련 키트. 도서관에서 이용자에게 대여해주는 물품 중 하나다.

❷ 미국 게일 보든 도서관의 자전거 도서관. 사람이 페달을 밟아 움직여야 하고 책을 많이 실을 순 없지만, 도서관 홍보에는 만점일 것이다.

❸ 미국 샴버그 타운십 지구 도서관 입구에 있는 전동 스쿠터. 장애가 있는 이용자들도 이 스쿠터를 타고 마음껏 도서관을 누빌 수 있다.

임기, 과학·예술·수학 교육 관련 키트처럼 아이들을 위한 물품까지 대출 서비스를 하고 있었다. 자료실 한쪽에 그림들을 비치한 뒤 대여해주는 곳이 있는가 하면, 갑작스러운 소나기에 대비해 우산까지 빌려주었다.

여기에 더해 메이커스페이스, 디지털 미디어 스튜디오, 청소년 전용 공간 같은 새로운 트렌드의 시설을 갖추면서 활력을 더해가는 점도 목격했다. 대도시의 도서관이 아닌 지역의 마을 도서관이 최신 시설을 하나하나 갖춰 나가는 점도, 이용자의 능동성을 끌어내려는 점도 모두 흥미로웠다.

그런데 이들 도서관에서는 종이책을 싣고 마을을 순회하는 19세기형 도서관 버스도 여전히 사랑받고 있었다. 게다가 사람이 페달을 밟아야 하고 꾹꾹 눌러 담아봐야 간신히 100여 권밖에 실을 수 없는 도서관 자전거까지 가동되고 있었다. 주거 단지, 요양원, 레크리에이션 센터, 공원 등지를 순회하며, 책을 접할 기회가 드문 저소득층과 어린이들이 가장 많은 혜택을 누리는 서비스이다. 이는 이용자의 삶에 가까이 다가가면서 한 사람의 이용자도 놓치지 않겠다는 도서관의 노력을 보여주는 것이었다.

그런데 이 여행에서 그 무엇보다도 가장 내 마음에 남은 것은 도서관 입구마다 놓여 있는 전동 스쿠터였다. 몸이 불편한 이용자를 위한 마음 씀씀이가 느껴졌기 때문이다. 실제로 열람실을 다니다 보면 휠체어나 전동 스쿠터를 타고 활보하는 장애인 이용자들을 종종 만날 수 있다. 한국의 공공도서관에도 시각장애인이나 청각

장애인을 위한 자료를 의무적으로 비치해두고 있다. 하지만 막상 점자 자료를 구매하고 장애인용 높낮이 조절 책상과 시설을 갖춰놓아도 이용률은 미비하다. 도서관까지 찾아오는 길도 험난하지만, 실제로 오더라도 도서관 내부가 비좁기 때문에 비장애인 이용자를 불편하게 하는 게 아닌가 걱정하기 때문일 것이다. 휠체어나 전동 스쿠터로 자유롭게 내부를 돌아다닐 수 있는 한국의 공공도서관이 과연 얼마나 될까.

미국《라이브러리 저널》선정 최고의 도서관을 찾아가다

이번에는 시카고 랜드의 여러 도서관 중 한곳을 집중적으로 살펴보자. 알링턴 하이츠는 미국 일리노이주 동북부에 있는 소도시로, 시카고에서 약 42킬로미터 떨어져 있다. 이 도시의 중심에 있는 알링턴 하이츠 기념도서관Arlington Heights Memorial Library은 꽤 역사가 오래된 곳이다. 1896년 지역의 여성 모임에서 150권의 장서를 모아 처음 도서관을 열었으며, 1926년 공공도서관으로 일반인에게 개방되었다.

이 도서관에 대한 이용자들의 사랑은 각별하다. 이들은 마치 권위 있는 지식인 컨트리클럽의 회원이 된 듯하다며, 자기가 가본 최고의 도서관으로 이곳을 추켜세운다. 책을 좋아하는 이들은 신간 소개 코너인 마켓플레이스의 놀라운 선별력에 칭찬을 아끼지 않는다. 1959년부터 이 도서관을 이용했다는 한 노인은 이곳의 장애인

알링턴 하이츠 기념도서관의 입구. 외관은 미국의 평범한 공공도서관과 별반 다르지 않지만, 내부로 들어가면 다채로운 공간과 서비스가 펼쳐진다.

친화 시설을 자랑한다. 청년들은 학교나 학원에 다니지 않고도 최신 기술을 익힐 수 있게 도와주는 이곳의 온라인 학습 데이터베이스가 환상적이라고 말한다. 아이들과 함께 시간을 보내기에 이곳 어린이실보다 좋은 곳이 어디 있겠느냐고 되묻는 이용자도 있다. 예전에는 도서관에 별반 관심이 없었다는 어떤 부모는 네 살배기 아이가 이 흥미진진한 도서관을 떠나지 않으려 해서 난감했다며 웃는다. 미국《라이브러리 저널》은 해마다 우수한 도서관을 선별해 발표하는데, 이 도서관은 별 다섯 개를 받는 최고 도서관으로 연속해서 선정되고 있다.

알링턴 하이츠 기념도서관이 서비스하는 인구는 7만 6100여 명에 불과하지만 장서는 90만여 점에 이른다. 대출 건수는 2012년에 267만여 건이었으나 2018년에는 199만여 건으로 감소했다. 6년

미국의 공공도서관들은 별의별 것을 다 무료로 빌려준다. 알링턴 하이츠 기념
도서관에서는 천체를 관찰할 수 있는 망원경도 대여해주고 있다.

사이에 대출률이 25퍼센트 이상 줄어든 것이다. 이는 도서관의 내
부적 문제라기보다는 인터넷과 스마트폰의 보급으로 인한 외부적
요인 때문인 것으로 보인다. 도서관 이용률의 감소는 전 세계적인
추세다. 그러나 이 도서관의 예산은 해마다 늘고 있으며, 운영 인력
도 변동이 없다. 정규직 직원 79명, 파트타임 직원 170명이 이곳에
서 일한다. 이 도서관에서는 3년마다 회원 자격을 갱신하게 되어
있어서 실질적인 이용자 규모를 좀 더 정확히 파악할 수 있는데, 전
체 주민 가운데 55.5퍼센트가 회원으로 등록되어 있다.

알링턴 하이츠 기념도서관의 시도들은 하나같이 놀랍고 신선하
다. '마켓플레이스The Marketplace'는 최근 미국 공공도서관의 새로운
트렌드 중 하나다. 장서량이 많은 도서관들이 입구에 신간 서적 가
득한 서가 공간을 별도로 마련하는 것이다. 일반적인 신간 서가보

알링턴 하이츠 기념도서관의 마켓플레이스. 웬만한 자료실 크기의 공간에 신간 자료를 비치해두고 있으며, 옆에는 간단한 음식을 먹을 수 있는 테이블도 있다.

다 책장이 많고, 별도의 공간으로 신간 자료실을 조성하기도 한다. 기존 자료실에는 장서가 너무 많아서 자리가 부족한 데다가 신간을 소개해도 눈에 띄기 어렵다. 그러니 이용자들이 선호할 만한 자료를 입구에 별도로 비치해두면 자료에 대한 주목도가 높아지고 이용자도 손쉽게 대출할 수 있는 것이다. 마켓플레이스에는 책뿐만 아니라 잡지, CD, DVD, 게임기 등 2만 여 점 이상의 자료가 비치되어 있는데, 이 정도면 우리나라의 작은 도서관급이다. 또한 이곳에서는 원하는 신간이 없더라도 신청만 하면 일주일 내로 자료를 비치해둔다. 책을 사랑하는 이용자들에게는 한껏 사랑받는 공간이다. 하지만 사서에게는 어떤 자료를 얼마 동안 전시할지 고심해야 하는 공간이기도 하다.

　마켓플레이스 옆에는 간단한 음료나 음식을 먹을 수 있는 테이

알링턴 하이츠 기념도서관의 스튜디오 내부에 있는 세트실. 드럼 세트가 비치되어 있으며, 컴퓨터를 이용해 녹음한 음악을 편집할 수 있다.

블이 놓여 있으며 음료 자판기도 설치되어 있다. '무비 나이트Move Night'라는 영화 상영 행사가 있는 날에는 영화를 보면서 간단한 스낵을 먹을 수도 있다. 대개의 공공도서관에서는 자료실에서 음식 먹는 것을 금지한다. 냄새 때문에 다른 이용자에게 불편을 끼칠 수 있으며, 이용자들이 계속 오가다 보니 음식 찌꺼기를 즉시 청소하는 것이 힘들기 때문이다. 무엇보다도 바퀴벌레가 출몰하는 등의 위생 문제가 가장 곤란하다. 그런데 이 도서관은 내부에서 음식을 먹을 수 있음에도 어쩌면 이렇게 깨끗하게 유지, 관리할 수 있는 것일까. 그 비결이 궁금했다.

2013년 문을 연 스튜디오는 알링턴 하이츠 기념도서관이 미국 공공도서관의 선두 주자임을 알 수 있게 해주는 시설이다. 방음 시설을 갖춘 이곳의 세트실은 녹음 및 촬영 작업을 비롯해 소규모 협력 작업을 하는 이들에게 대여된다. 무대 조명, 전자 드럼 세트와 같은 장비를 이용할 수 있으며, 카메라, 캠코더, 삼각대, 디지털 녹음기 같은 장비는 일주일간 대출할 수도 있다. 기기 사용법을 몰라도 괜찮다. 각 기기를 다루는 전문 직원들이 상주하고 있기 때문이다. 또한 그래픽디자인, 포토샵, 일러스트레이터, 엑셀, 파워포인트, 소셜 미디어 사용법과 같은 테크놀로지 강좌가 매달 80여 개나 진행된다. 이런 서비스가 가능한 것은 물론 풍부한 인력 덕분이다. 이 도서관에는 디지털 부서 직원만 16명이다. 이 정도면 거의 전문 학원 수준이다.

청소년들만의 특별한 사교 공간, 허브

무엇보다도 이 도서관의 가장 혁신적인 시도는 청소년 전용 공간 '허브The Hub'의 조성이다. 미국에서는 대도시 공공도서관을 중심으로 청소년 전용 공간이 만들어지기 시작했는데, 1998년 로스앤젤레스 공공도서관Los Angeles Public Library의 틴스케이프Teen' Scape 가 그 시초이며, 시카고 랜드의 도서관들은 2010년대 들어와서 경쟁적으로 이들을 위한 공간을 조성했다. 이후 미디어 랩의 성격을 더한 청소년 공간, 덩치 큰 형이나 누나들 기세에 눌린 중학생들을 위한 전용 공간 등이 만들어지기도 했다.

허브는 2013년 4월에 문을 열었는데, 이용 대상은 인근의 7학년부터 12학년까지의 중고생이다. 규모는 169제곱미터로 아담하다.

내부에는 청소년들이 자유롭게 게임을 하거나 영화를 볼 수 있는 게임 구역, 만들고 체험하고 경험하는 DIY 구역, 또래 친구들과 수다를 떨며 놀 수 있는 휴식 구역 등이 있다. 이 외에 데스크톱 컴퓨터와 대여용 노트북, 그리고 청소년들이 좋아하는 게임기도 구비해두었다. 가상현실 헤드셋, USB 포트와 같은 대여용 장비, 각종 만들기 재료 등은 사서들이 별도로 보관해두고 있다.

DIY 구역에서는 작은 유리병을 이용해 미니 수족관 만드는 작업을 하고 있었다. 화이트보드에는 작업 순서가 적혀 있고, 테이블 위에는 미니 수족관 샘플이 놓여 있다. 지난달에는 과테말라 걱정 인형(이런저런 걱정 때문에 잠 못 드는 아이에게 선물해주는 과테말라의 전래 인형)을 만들었는지, 화이트보드에 이에 관한 내용이 있다. 자원봉사자의 할 일도 적혀 있는데, 학생 자원봉자사들이 무언가를 만드는 데 주저하는 학생들을 도와준다고 한다. 테이블 뒤에 싱크대가 있어서 작업 전후로 손을 씻거나 작업에 필요한 도구들을 닦을 수 있다.

틴 서비스 슈퍼바이저인 앨리스 손 사서는 허브를 청소년들의 학습 공간이 아닌 사교 공간으로 규정하면서, 이곳이 개설된 뒤 얼마 지나지 않아 벌어진 일을 들려주었다. "옆의 아이가 너무 시끄러워서 공부를 할 수 없어요." 한 학생이 그녀에게 이런 불평을 털어놓은 것이다. 이때 앨리스 사서는 어떻게 응대했을까? 한국의 도서관이었다면 소란스러운 학생에게 다가가 조용히 경고를 했을 것이다. 하지만 그녀의 반응은 달랐다. "허브는 너처럼 조용한 데서

알링턴 하이츠 기념도서관의 허브에 있는 DIY 구역. 도서관이라는 느낌은 거의 찾아볼 수 없는 곳이다. 커다란 화이트보드에는 이곳을 이용하는 데 필요한 각종 정보들이 적혀 있고, 널찍한 테이블에서 아이들이 자유롭게 이런저런 작업을 할 수 있다.

산뜻한 인테리어가 돋보이는 허브의 휴식 구역. 아이들이 옹기종기 모여 앉아 자유롭게 이야기 나눌 수 있는 공간이다.

집중해 공부하는 학생에게 적당한 곳이 아니야. 그러니 일반 열람실에 가서 공부하는 게 좋겠다." 앨리스 사서는 조용하지만 단호하게 그 학생을 타일러 내보냈다고 한다.

허브는 조용한 곳이 아니다. 운영 시간 내내 요란하지는 않지만 쉼 없이 천장에서 음악이 흘러나온다. 이곳은 분명 개인 학습보다는 아이들이 모여서 생각을 나누고 그룹 활동을 하고 무언가 새로운 것을 만드는 공간이다. 물론 한쪽 구석에는 공부를 하는 아이들도 보인다. 소음에 개의치 않고 또래 아이들과 함께 있는 걸 좋아하는 학생들이다. 허브는 평일 오후 3시에 문을 여는데, 3시부터 6시까지는 주로 중학생이, 6시부터 문을 닫는 저녁 9시까지는 주로 고등학생이 이용한다고 한다.

허브는 문헌정보학과 대학원을 졸업한 정규직 사서 3명, 문헌

허브의 앨리스 손 사서가 이곳의 만화 서가를 보여주고 있다. 물론 만화책은
아이들에게 인기 많은 아이템일 것이다.

정보학과 대학원 과정에 재학 중인 직원 2명, 보조 직원 1명이 함
께 운영한다. "이곳을 이용하는 청소년들에게 허브는 어떤 곳일까
요?" 내 질문에 앨리스 사서는 머뭇거리지 않고 답했다. "허브가 문
을 열고 난 뒤 도서관을 이용하는 청소년이 급격히 늘어난 것만으
로도 그 질문에 대한 답이 되지 않을까요? 아이들은 이곳을 도서관
이라고 하지 않아요. 그냥 허브라고 부르죠."

옆에서 조용히 경청하던 브라이언 베드나렉 사서가 한마디 보태
었다. "밖에서 이용자를 만난 적이 있어요. 나를 보고 반갑게 다가
와서는 이렇게 말하더군요. '허브의 그 아저씨죠?'라고요. 학생들은
엄마에게 전화를 걸고서 이렇게 말해요. '엄마, 나 허브에 있어요.
데리러 와줘요.' 아이들에게 이곳은 도서관이라기보다는 허브예요.
특별한 공간인 겁니다."

117

모든 주민들이 청소년 전용 공간을 환영한 것은 아니었다. 허브를 처음 열었을 때, 거액을 들여 근사하게 인테리어를 해두고서 오후 3시부터 개방하는 데다가 청소년으로 이용자를 한정한 것에 대해 성인 이용자들이 불만을 제기했다고 한다. 이에 대해서는 청소년의 도서관 이용률이 얼마나 낮은지, 그리고 허브의 이용자들이 줄곧 이곳을 쓰는 게 아니라 몇 년 후면 떠날 수밖에 없다는 점을 이야기하면서 미래의 성인인 현재의 청소년을 위해 공간을 투자한 것이라고 설명했다고 한다.

허브가 문을 열 때부터 계속 근무해온 앨리스 사서에게 마지막으로 물었다. "당신에게 허브는 어떤 곳인가요?"

"아직 미국의 공공도서관에 청소년실은 많지 않습니다. 전 운이 좋은 편이죠. 청소년들이 궁금해하는 것을 탐구하게 해주고, 예술적 견해를 표현할 기회를 주고, 친구들과 함께 작업하는 것을 도와주는 일을 하고 있으니까요. 이곳은 제게 꿈의 직장입니다."

허브를 이용하는 청소년에게도, 허브를 운영하는 사서에게도 이곳은 꿈의 공간이었다. 그 꿈은 이미 실현되었지만 말이다.

08

디지털 세대를 위한
커넥티드 러닝의
공간

◆ 해럴드 워싱턴 도서관 센터 Harold Washington Library Center 의 유미디어 YOUmedia

◆

이곳은 시카고 디지털 세대의 사랑방 유미디어이다.
밖에서 보면 단정하고 깔끔한 듯한데
내부로 들어가면 온갖 소음과 혼돈 가득한, 하지만 흥미진진한 세계가 펼쳐진다.

2018년 8월, 10여 명의 청소년을 대상으로 도서관에 대한 심층 인터뷰를 한 적이 있다. 지금의 도서관이 어떠한지 묻자 이들은 곧바로 재미없는 곳이라고 답했다. 졸리고, 공부해야 하는 곳이니 즐겁지 않고, 경직된 분위기라 답답하고, 책 읽고 싶은 마음은 도무지 들지 않는 곳이라고 했다. 어린이실은 아이들이 뛰어다니고 책을 읽어대니 시끄럽고, 성인 자료실은 어른들 틈새에 끼어 있자니 자유롭지 않고, 시험공부를 할 때나 가끔 열람실을 이용하는데 이마저도 눈치가 보인다고 했다. 이들에게 도서관은 호감도 제로의 장소였다.

그렇다면 앞으로의 도서관이 어떠했으면 좋겠는지 물었다. 추리소설, 스포츠 잡지, 웹툰 같은 자료를 보고 싶다고 했다. 어렸을 땐 엄마가 마음껏 읽으라며 학습 만화를 사주셨는데 중학교에 들어가니 공부해야 한다는 이유로 절대 안 사주신다며, 내 돈 내고 사긴 아깝지만 만화책을 읽고 싶다고 했다. 친구와 이야기 나누면서 공부도 할 수 있는, 좀 시끄러워도 괜찮은 곳이면 좋겠다고 했다. 독서나 공부를 하지 않더라도 갈 수 있는 편안하고 아늑한 곳이라면

121

좋겠다고 했다. 어릴 적부터 지금까지 도서관은 하나도 변하지 않았다면서, 책만 빌리는 것이 아니라 다양한 활동을 할 수 있는 곳이었으면 좋겠다고 했다. 영화도 보고, 게임도 하고, 노래도 부르고, 그렇게 호기심과 매력을 느끼는 활동을 하면서 스트레스도 해소할 수 있는 곳이라면 좋겠다는 것이었다.

그러다가 내 말문을 막히게 하는 말을 듣게 되었다. 이제 겨우 열세 살, 중학교 1학년 학생이 머뭇거리다가 입을 뗐는데 간신히 내뱉은 말이 이러했다. "위로받을 수 있는 곳이면 좋겠어요." 대체 우리 청소년들의 삶은 얼마나 끔찍하게 숨 막히는 것일까.

소음과 혼돈의 도가니, 이곳은 디지털 세대의 사랑방이다

미국 일리노이주 시카고의 다운타운에 있는 해럴드 워싱턴 도서관 센터Harold Washington Library Center에 가는 길이었다. 모퉁이를 돌아서는데 어디선가 쿵쾅거리는 음악 소리가 들려왔다. 어디서 이런 큰 소리가 나는 걸까? 여긴 도서관인데, 주변에 클럽이라도 있나? 소리 나는 쪽으로 가보니, 그곳은 도서관 안에 있는 유미디어YOUmedia였다. 유리문을 밀고 들어가니 귀가 먹먹해졌다. 벽에는 만화가 그려져 있고, 말풍선 안에는 "Be Happy!"라는 말이 적혀 있었다. 아이들은 피아노와 전자 기타를 치고 드럼을 두들기며 오직 음악에만 몰두하고 있었다. 여기가 도서관이라는 것도, 다른 이용자가 있다는 것도 전혀 개의치 않는 눈치였다.

해럴드 워싱턴 도서관 센터 내에 있는 유미디어. 누가 뭐래도 이곳은 자기들 마음대로 눈치 안 보고 뭐든 해도 괜찮은 곳이라는 듯, 아이들이 쿵쾅거리며 음악을 연주하고 있다. 전통적인 도서관만을 염두에 둔 이들에게는 도무지 도서관이라고 믿기지 않는 곳일 것이다.

유미디어의 테이블 위에 있는 건축 프로젝트 모형. 아직 완성되지 않아서 산만하게 펼쳐져 있지만, 그렇게 청소년들은 이곳에서 무언가를 만들어내고 있다.

다른 이용자들도 마찬가지였다. 화이트보드에 무언가를 열심히 적는 학생, 흰색 운동화에 붓으로 그림을 그리는 학생, 헤드폰을 끼고 사진 편집에 몰두하는 학생, 서가에 기대선 채 책 읽는 학생이 있는가 하면, 제 집 거실에 있는 듯한 자세로 게임을 하기도 하고, 서너 명이 구석에 옹기종기 모여 있기도 하고, 스튜디오에서 컴퓨터 화면을 가리키며 뭔가를 진지하게 논의하기도 한다. 이들은 모두 그저 자기 일에만 집중할 뿐이었다.

테이블 위에는 한창 작업 중인 건축 프로젝트 모형이 펼쳐져 있다. 바로 옆에는 마네킹과 무수한 옷들이 걸려 있다. 천장에서는 아이들의 연주가 아닌 또 다른 시끄러운 음악이 쉴 새 없이 흘러나온다. 아무도 주의 깊게 듣고 있는 것 같지 않지만, 누구도 불평하지 않는다. 여기저기에서 쏟아져 나오는 제각각의 소리들로 시끄럽고,

물건들이 사방에 흩어져 있어 어수선하고 혼란스럽다.

그런데 이런 소음과 혼돈과 무질서가 혼재되면서 이곳에는 믿을 수 없을 만큼 자유롭고 개방적인 분위기가 감돈다. 전통적인 도서관 개념과는 상치되는 곳이지만, 그 덕분에 유미디어는 아이러니하게도 디지털 세대들의 사랑방으로 자리 잡았다. 청소년들이 필요로 하는 지식과 정보를 제공하고 그들이 관심을 갖는 매체에 자유롭게 접근할 수 있게 해준 덕분에 청소년들은 이곳을 즐겨 찾는다. 여기에서 자신의 관심사를 발견하고 숨어 있던 재능을 발전시키고 독특한 무언가를 만들어낸다. 그렇게 이곳은 문화 창출이라는 도서관의 사명에 가장 충실히 부응하는 공간이 되었다.

사실 유미디어는 새로운 공간을 마련한 것이 아니라 기존에 있던 청소년 공간에 새로운 기획과 프로그램을 더한 것이다. 학교와 커뮤니티의 일상적 프로그램에 청소년의 관심을 끌어들일 수 있는 첨단 테크놀로지를 도입하고, 이전보다 훨씬 창작과 제작에 중심을 둔 활동으로 방향을 전환한 것이다.

유미디어라는 이름은 청소년Youth과 미디어Media라는 단어를 조합한 것인데, 이 공간에 대한 아이디어는 2006년 시카고의 공공도서관이 디지털 청소년 네트워크Digital Youth Network, 맥아더 재단과 협업하면서 키워 나갔다. 맥아더 재단은 이 프로젝트에 합류하면서 디지털 기술이 청소년의 학습, 놀이, 친교, 생활을 어떻게 바꾸는지에 대한 연구에 5년간 5000만 달러(한화로 약 593억 5000만 원)를 지원했다.

125

유미디어의 내부는 상당히 어수선하다. 하지만 거기 있는 청소년들의 모습은 편안해 보인다. 자신들만의 공간이기에, 그 자유로움 덕분일 것이다.

연구를 진행한 결과, 청소년들은 디지털 기술을 활용하면서 친구들과 우정을 나누고 관심 분야에 몰두하는 것을 가장 중시하는 것으로 나타났다. 그러므로 친구와 친밀한 관계를 맺고 싶어하는 청소년이라면 자기만의 전용 공간이 있는 것만으로도 호기심을 느낄 것이고, 책과 같은 전통적 자원에 더해 새로운 미디어 자원이 주어질 때 이를 호의적으로 활용하리라고 진단되었다.

연구의 결과를 토대 삼아 2009년 해럴드 워싱턴 도서관 센터는 청소년 공간의 리모델링을 단행했다. 510제곱미터 규모로, 청소년들이 디지털 기술을 건강하게 사용하는 시민으로 성장하게 하는 것을 목표로 하는 공간이었다. 다양한 청소년 도서를 비롯해 컴퓨터, 드로잉 태블릿, 비디오카메라, 3D 프린터 같은 전자 기기와 각종 소프트웨어를 구비했으며, 턴테이블과 믹싱 보드를 갖춘 녹음 스튜디오도 마련했다. 청소년들은 이곳에서 친구들과 어울리고 자신의 상상력을 발휘하면서 다양한 디지털 미디어 기술을 익혀 나갔다.

해럴드 워싱턴 도서관 센터에서 시작된 유미디어 모델은 현재 시카고의 20개 분관도서관으로 확산되었다. 이들 유미디어는 청소년들이 자유롭게 원하는 것을 할 수 있는 개방적인 환경에다가 컴퓨터, 카메라, 음악 및 게임 장비까지 갖추고 있다. 청소년이라면 누구든 무료로 유미디어에 들어갈 수 있고, 회원 카드를 만들면 장비도 마음껏 이용할 수 있다.

이러한 일련의 작업은 여러 기업과 재단의 후원이 있었기에 가능한 일이었다. BMO 해리스 은행, 올스테이트 보험, 마이크로소프트 사, 모토롤라 솔루션 공익 재단, 엘리자베스 모스 공익 신탁, 오펜하이머 가족 재단 등이 후원에 합류했고, 이외에도 숱한 개인 기부자들이 유미디어에 대한 후원을 지속적으로 이어가고 있다.

유미디어를 설명하는 두 가지 개념, '호마고'와 '커넥티드 러닝'

유미디어의 공간에 대한 개념은 문화인류학자인 이토 미즈코伊藤瑞子 교수를 중심으로 한 디지털 미디어 및 교육 연구자들이 700명 이상의 청소년들을 인터뷰하면서 도출해내었다. 이들은 디지털 미디어를 이용하는 청소년들의 세 가지 학습 활동 영역을 '어울려 놀기hang out' '장난치며 즐기기mess around' '괴짜처럼 행동하기geek out'로

유미디어의 비치된 만화책들. 도서관을 학습의 공간을 넘어선 놀이와 사교의 공간으로 보고 있기에 만화책을 비치하는 게 가능할 것이다.

규정했다. 이를 축약한 호마고^{HOMAGO}는 유미디어의 공간을 설명하는 개념으로 자리 잡았다.

'어울려 놀기'는 청소년들이 페이스북, 트위터, 인스타그램 같은 소셜 미디어를 활용하면서 친구들과 함께하는 영역으로, 온라인에서의 활동이 오프라인으로 확장되기도 한다. 이 공간에는 친구들과 함께 들여다볼 수 있는 청소년 도서들이 비치되어 있다.

'장난치며 즐기기'는 청소년들이 온라인 게임을 하거나 동영상을 찍거나 사진을 편집해서 소셜 미디어에 올리는 등 디지털 미디어와 기기를 재미있게 활용하는 영역이다. 게임 콘솔, 만화책 등이 비치되어 있고, 각종 장비를 갖춘 녹음 스튜디오가 마련되어 있다.

'괴짜처럼 행동하기'는 청소년들이 자신의 관심사를 발전시키는 영역으로, 다른 곳에 비해 좀 더 진지한 작업 공간으로 설정된 곳이

청소년들이 팀을 이뤄 게임을 하고 있고, 많은 이들이 이를 흥미진진하게 지켜보고 있다. 유미디어에서는 이런 모습이 특별한 게 아니다. ⓒHWLC

다. 여기에서 청소년들은 특정 사안에 몰두하고 관련 커뮤니티에도 참여해보면서 자신의 활동을 숙련된 형태로 진전시킨다. 이 공간에는 이동 가능한 테이블을 비롯해 각종 디지털 장비가 비치되어 있다.

결국 호마고는 청소년들이 능동적으로 디지털 미디어를 다루면서 무언가를 창조해낼 수 있도록 동기 부여하는 것을 이론화한 작업이다. 이와 함께 유미디어에서의 참여와 학습을 설명하는 개념으로 '커넥티드 러닝Connected Learning'을 들 수 있다. 이는 친구와 멘토, 다양한 관심과 기술, 여러 가지 목적과 지향 등이 네트워크처럼 결합될 때 청소년들의 학습 효과가 증대하는 데서 착안된 개념이다. 유미디어에서 청소년들은 공유하고 협력하고 우호적 경쟁을 하면서 무언가를 만들어내고 그 과정을 즐기게 된다. 이를 통해 사

129

회성과 전문성을 키우며 커뮤니티에 대한 소속감도 느낄 수 있다.

내가 유미디어를 방문했을 때, '시카고 공공도서관 10대 판화전: 영감의 기록, 창의적 걸작'이라는 이름으로 이곳 복도에서 전시가 열리고 있었다. 이들 작품은 2018년 여름 동안 청소년들이 예술가 멘토들의 지도로 시카고 판화의 역사를 배운 뒤 만들어낸 것이었다. 아이들은 도서관에 있는 관련 책을 비롯하여 시카고 아트 인스티튜트, 드폴 아트 뮤지엄, 국립 멕시코 미술 박물관 등에 있는 컬렉션을 살펴보면서 자신이 어떤 작품을 만들지 구상했다. 그리고 시카고 프린트메이커스 컬라보레이티브Chicago Printmakers Collaborative라는 판화 전문 갤러리에서 열린 워크숍에 참여하여 자기 작품을 완성했다. 전시에 드는 비용은 미국 테라 미술 재단이 지원해주었다. 지역 예술가를 비롯해 도서관, 미술관, 재단 등이 청소년들의 판화 작업을 위한 지원을 아끼지 않으면서 하나의 프로젝트를 진행하고 완결한 것이다.

유미디어에는 문헌정보학 석사 학위를 받은 사서들과 함께 분야별 전문 멘토들이 일하고 있다. 한쪽 벽에 이들의 사진과 전문 분야 소개가 걸려 있는데, 판화·사진·비디오와 같은 예술, 리듬 앤 블루스와 같은 음악, 3D 프린터와 팟캐스트, 영화의 역사, 청소년 소설, 사회 이슈, 자연과학, 게임, 10대의 취업 등 이들이 다루고 있는 분야는 매우 다채롭다. 이 중에서 단연 눈길을 끄는 이는 정복을 입고 있는 안전 요원 포슬리Posley이다. 그는 대학에서 비즈니스를 전공했으며, 전문 분야는 일상 언어와 패션이라고 소개되어 있다. 즉 그는

유미디어의 복도에서 열린 '시카고 공공도서관 10대 판화전' 전시. 이는 지역 예술가를 비롯해 도서관, 미술관, 재단 등이 청소년들의 판화 작업을 지원함으로써 만들어낸 결과물이다. 이 과정에서 청소년들은 사회성과 전문성을 키우면서 커뮤니티에 대한 소속감도 느꼈을 것이다.

유미디어의 벽에 붙어 있는 이곳의 전문 분야별 멘토 소개. 사진 속 사람들의 표정과 포즈도 다채롭다. 아래에 안전 요원 포슬리의 소개도 보인다.

유미디어에서 청소년들의 적절한 언어 사용과 복장을 관리 감독하는 일을 하고 있다.

포슬리의 존재를 통해 알 수 있듯이 유미디어에는 안전 요원이 상주하고 있으며, 이곳에서 일하는 이들이 주의 깊게 청소년들을 살피고 있다. 또한 이곳은 부모나 학교의 관리에서 벗어난 자유로운 곳이지만 규칙이 없는 곳은 아니다. 아이들끼리 언쟁이 벌어지면 직원이 개입해 중재하고, 비속어나 욕설을 쓰는 경우에는 이용자를 타이르면서 행동의 변화를 유도하며, 안전에 위협을 가하는 아이에게는 주의를 준다. 그런데 이곳의 규칙은 이용자를 지켜보면서 상황에 따라 융통성 있게 조율되기도 한다. 즉 규칙을 지키는 것 자체가 목표가 아니라 공간을 안전하게 유지하면서 편안한 학습과 표현을 할 수 있는 환경을 마련하는 것이 목표인 것이다.

유미디어는 청소년 전용 공간에 메이커스페이스와 미디어 랩의 기능을 결합한 창의적 공간이다. 그리고 정보의 수동적 게이트 키퍼로 기능했던 도서관이 능동적 배움의 커뮤니티 센터로 전환된 대표적 사례이기도 하다. 이제 한국의 청소년들에게도 유미디어처럼 자기 목소리로 자신의 이야기를 하며 오롯이 자신일 수 있는 공간이 필요하지 않을까. 호감도 제로의 도서관이 이제 바뀔 때도 되지 않았을까.

<u>3장</u>

자연과 함께하는
독서 공간을
추구하다

대만

◆

2300만여 명이 거주하는 작은 섬나라, 대만.

한국에는 많이 소개되지 않았지만

이곳에는 정감 있으면서도 단아한 도서관 문화가 꽃피어 있다.

이번 장에서는 대만의 도서관 중에서

자연과 어우러지는 독서 환경을 조성한 곳들을 소개한다.

은은한 나무의 빛깔과 향기가 곳곳에 깃들어 있는

대만의 도서관들을 만나보자.

09

새로운 미학을 모색하는
타이베이 인근의 도서관들

◆ 신베이 시립도서관 新北市立圖書館總館, New Taipei City Library Main Branch

◆ 베이터우 공공도서관 臺北市立圖書館北投分館, Taipei Public Library Beitou Branch

◆

신베이 시립도서관의 로비와 2층으로 올라가는 계단.
애니메이션 포스터와 조형적인 책들이 다채롭게 걸려 있어서
원형 계단을 오르내리는 이들의 눈길을 끈다.

처음 방문하는 외국의 도시에서 어느 도서관을 둘러봐야 할지 모르겠을 때, 사서에게 묻는다. 타이베이에 처음 가게 되었을 때는 대만의 국가도서관國家圖書館 레퍼런스 데스크에 앉아 있던 청징루 박사에게 가볼 만한 도서관을 물었다. 그녀는 예술사를 전공한 큐레이터인데, 그녀가 가장 먼저 추천한 곳이 바로 신베이 시립도서관(공식 명칭은 신베이 시립도서관 총관新北市立圖書館總館)이다.

신베이는 대만의 수도 타이베이를 둘러싸고 있는, 대만에서 가장 인구가 많은 행정구역이다. 이곳은 인구 규모답게 대만 최대의 공공도서관 시스템을 구축하고 있는데, 104개의 분관이 있으며 700만여 권의 장서를 소장하고 있다. 이 가운데 현재 대만 공공도서관의 최고봉이라 할 수 있는 신베이 시립도서관이 있다.

지상 10층, 지하 3층의 이 도서관 건물은 가까이서 보면 거대한 서고 같고, 멀리서 보면 마치 디지털 바코드 같다. 전통적인 책과 디지털 자료의 조합처럼 보인다고 해야 할까. 아니면 건축 미학과 공학 기술의 융합이라고 해야 할까. 꼭대기의 스카이라이트 가든과 햇빛이 내리비치는 외벽 유리도 독특하지만, 건물 중간에 볼록

신베이 시립도서관은 가까이서 보면 거대한 서고 같고, 멀리서 보면 마치 디지털 바코드 같다. ⓒ台達電子文敎基金會

하게 튀어나와 있는 공간이 가장 눈에 들어온다. 이곳의 쓰임새에 대해서는 차후에 이야기하겠다. 건물 입구에는 잘 정비된 자전거 주차장이 있다. 인근 도시철도MRT 역에서 제공하는 유바이크YouBike 서비스를 이용하면 공용 자전거로 편하게 도서관을 오갈 수 있다.

　도서관 내부는 벽과 서가 등이 온통 흰색이어서 자연스럽게 독일의 슈투트가르트 도서관Stadtbibliothek Stuttgart이 연상된다. 2층부터 9층까지는 일반 자료, 멀티미디어 자료, 다문화 자료 등 자료 성격에 따라 열람 공간을 배치했고, 어린이, 청소년, 노인, 이주민 등 특정 이용자에 맞게 구역을 나누었다. 자료의 섬세한 분류도 주목할 만하지만, 다양한 이용자들의 요구를 충족하려는 공간 구성이 특히 돋보인다. 이는 도서관이 어떻게 지역사회 주민들과 소통할지 고민하면서 도출된 결과물일 것이다.

현대적인 기술과 디자인으로 이용자를 끌어안은 신베이 시립도서관

2015년 5월에 개관한 신베이 시립도서관은 79만여 권의 장서를 소장한 가오슝 시립도서관에 이어 대만에서 두 번째로 장서를 많이 보유한 도서관이다. 65만여 권의 장서와 1100여 종의 잡지를 소장하고 있으며, 오디오 및 비디오 자료 등도 갖추고 있다.

신베이 시립도서관은 대만 최초의 이용자 제한 도서관으로, 관내에 있는 이들이 쾌적하게 도서관을 이용할 수 있도록 최대 이용 인원을 3500명으로 제한하고 있다. 정원을 초과하면 출입 시스템은 자동으로 이용자의 입장을 거부한다. 그렇다고 아쉬워할 필요는 없다. 도서관 로비의 카페에서 간단한 음식과 커피를 즐기며 기다리면 된다. 아니면 도서관 건물 밖에 있는, 2000권 이상의 책이 들어 있는 자가대출반납기에서 책을 빌릴 수도 있다. 이곳에서 RFID 칩을 스캔해 반납된 책들은 도서자동분류기가 분류 기호에 따라 수합·정리한다.

한편으로는 이용자의 수를 제한하고 있지만, 다른 한편으로는 도서관의 일부를 24시간 개방하는 연중무휴 서비스를 실시하는 점도 흥미롭다. 직원이 근무하지 않는 야간이나 휴관일에도 도서관 카드만 있다면 보안 출입구를 무사히 통과해 도서관의 1층과 4층을 자유롭게 이용할 수 있다.

도서와 기술의 융합을 보여주는 '전자책 벽電子書壁'도 눈길을 끈다. 이 대형 터치스크린에서는 책 제목, 작가 이름, 표지 이미지 등

141

◆

❶ 신베이 시립도서관 6층의 전시 및 컬렉션 코너. 알록달록한 천장은 생기발랄한 느낌을 주며, 기둥에 붙여 놓은 그림에서는 위트가 넘쳐흐른다.

❷ 신베이 시립도서관의 전자책 벽. 책 표지들이 스크린을 가득 채우고 있으며, 이용자는 자유롭고 재미있게 자료를 검색하고 정보를 확인할 수 있다.

의 정보를 이용해 도서를 검색할 수 있다. 또한 센서 기기 위에 도서관 카드를 올려놓으면 이용자가 관심을 가질 만한 맞춤형 도서의 표지들이 스크린 위에 펼쳐진다. 그중 한 권을 골라 표지를 손으로 터치하면 도서 정보를 볼 수 있고, 그와 관련된 책들도 연이어 살펴볼 수 있다. 스크린에 있는 여러 아이콘들은 도서의 주제를 시각화한 것으로, 주제별 도서 검색도 가능하다. 이렇게 이용자들은 전자책 벽을 터치하면서 즐겁게 책의 세계를 유람할 수 있다.

한편 신베이 시립도서관은 그간 공공도서관에서 소외되어왔던 이용자들을 배려하는 공간과 시설을 갖추고 있다. 우선 휠체어 이용자들이 자유롭게 접근할 수 있도록 문턱을 없애고 통로를 넓혔다. 대개의 공공도서관 자료실 서가는 한 사람만 서 있어도 다른 사람이 지나다니기 불편한데, 이곳의 자료실 서가는 간격이 120센티미터로 넉넉하다. 휠체어로 움직이거나 카트를 밀고 다니는 데 불편함이 없다. 열람실에는 높낮이를 조절할 수 있는 책상이 있어서 자기 몸에 맞춰 책상 높이를 바꾼 뒤 책을 읽을 수 있다.

유아와 어린이 코너의 서가는 이용자의 키가 작은 것을 감안해 서가의 높이를 낮추었다. 책상과 서가 모서리에는 안전을 위한 충돌 방지 쿠션이 붙어 있다. 유아 코너는 신발을 벗고 이용하게 되어 있어서 아이들이 마음껏 뛰놀 수 있으며, 어른과 함께 책 읽는 공간도 별도로 마련해두었다. 2층의 노년층 열람실도 눈여겨볼 만하다. 쉽게 손을 올려 기댈 수 있는 부드러운 재질의 소파가 비치되어 있으며, 노안이 온 이용자를 위해 열람 책상에는 확대경을 구비해두

143

었다. 4층은 개인 학습실로 24시간 개방하며, 좌석은 예약제로 운영된다. 공부를 하다가 지치면 스카이라이트 가든에 나가 '선샤인 헛Sunshine Hut'이라는 이름의 쉼터에서 바깥바람을 쐴 수도 있다.

한편 이 도서관에서 가장 흥미진진한 곳은 '세계의 창窓' 독서 코너이다. 앞서 언급했던 도서관 밖에서 보았을 때 볼록 튀어나온 곳마다 이 코너가 마련되어 있는데, 5층부터 8층까지 각기 다른 7개의 이국적 공간이 있다. 일본의 선禪 스타일, 발리 스타일, 북유럽 스타일, 지중해 스타일 등으로 디자인되었으며, 그 문화와 관련된 도서들을 비치해두었다. 특정 문화의 향취가 물씬 풍기는 환경에서 편안하게 그와 관련된 외국어 책을 읽을 수 있는 슬로 리딩slow reading 공간이다. 이용자들은 이 창에 앉아서 공간을 향유하며 세상을 바라보듯 책을 읽을 수 있다.

마지막으로 덧붙이고 싶은 것은 신베이 시립도서관의 '휴먼 라이브러리' 서비스이다. 휴먼 라이브러리는 사람을 일종의 책으로 상정하면서, 도서관에서 사람을 대출한 뒤 대화할 수 있게 해주는 프로그램이다. 인터넷의 가상 세계에 익숙해진 현대인들은 사람과 직접 접촉하는 일이 줄어들고 있다. 그러기에 도서관은 이용자들이 다양한 사람을 직접 만나 그들과 소통하고 그들의 경험을 공유하는 서비스를 시도한 것이다. 살아 있는 인간 책 읽기 활동을 통해 이용자들은 서로 다른 문화적·사회적 배경을 가진 사람들을 알아 나간다. 신베이 시립도서관의 휴먼 라이브러리는 사람과 사람 사이의 소통을 촉진하는 공유 플랫폼이다.

◆

신베이 시립도서관의 '세계의 창' 독서 코너 중 지중해 스타일의 공간. 전체적으로 푸른 빛깔로 톤이 매치되어 있어서 마치 휴양지의 바다와 같은 시원한 느낌이 든다. 민트색 소파는 꽤나 푹신해서 한 번 기대면 몸을 빼기 어려울 것만 같다.

대만의 첫 번째 녹색 도서관, 베이터우 공공도서관

타이베이에서 지하철로 20~30분쯤 걸리는 베이터우에는 나무 향기 가득한 도서관이 있다. 베이터우 공공도서관(공식 명칭은 타이베이 시립도서관 베이터우 분관臺北市立圖書館北投分館)은 서 있는 위치와 보는 각도에 따라 건물이 달라 보인다. 정면은 잘 숨겨진 견고한 원목 요새처럼 보이고, 옆면은 숲속의 정겨운 오두막 느낌이며, 뒷면은 위풍당당하고 거대한 유람선 같다. 지상 2층, 지하 1층, 총면적 2148제곱미터의 이 도서관은 2006년 11월에 개관했는데, 대만의 첫 번째 녹색 도서관이다. 건축 자재를 오직 목재와 철재만 사용해서 100퍼센트 재활용 가능한 친환경 건물이다. 베이터우 공원 안에 자리한 도서관은 동쪽, 남쪽, 북쪽 방향으로 커다란 창문과 문이 여럿 나 있다. 서쪽이 제외된 것은 펄펄 끓는 듯 뜨거운 여름 햇살을 차단하기 위해서이다. 유리 창문을 통해 남쪽으로는 공원, 북쪽으로는 계곡이 내려다보인다.

자세히 들여다보면 이 건물 곳곳에는 여러 비밀이 숨어 있다. 비가 오면 완만하게 기울어진 지붕으로 흘러내린 빗물이 건물 아래에 있는 340톤짜리 수조에 저장된다. 이렇게 모인 빗물은 사람이 먹거나 손을 씻는 데 사용되지는 않고, 주변에 있는 식물에 물을 줄 때나 화장실 용수로 쓰인다. 이 시스템 덕분에 도서관에서 사용되는 물이 40퍼센트까지 절약된다.

지붕의 정원은 외부의 열이 건물로 흡수되는 것을 줄여 에너지

베이터우 공공도서관의 다채로운 외관. 녹색 도서관답게 건물의 입구에서부터 화사한 수직 정원이 이용자들을 맞이한다(위). 또한 뒷면에서는 위풍당당한 유람선 같은 모습을(가운데), 옆면에서는 정겨운 오두막 같은 모습을 볼 수 있다(아래).

◆

베이터우 공공도서관은 건물 자재로 목재를 많이 활용한 데다가 나무로 만든 가구로 채워져 있고 노란
조명까지 더해져서 따스하고 고풍스러운 느낌이 든다. 일요일 오전임에도 이용자들이 여럿 도서관을
채우고 있었다.

를 절감해준다. 또한 주변 생태계 유지에 필요한 야생식물과 곤충들의 활동을 돕는다. 건물 꼭대기에 설치된 태양광 패널로는 시간당 16킬로와트의 전력을 생산할 수 있다. 이렇게 생산된 전력의 양은 도서관 1층 벽면에 있는 광전지 모니터링 시스템에 표시된다. 태양에너지 발전, 빗물 회수 시스템과 같은 에너지 절감 설계 덕분에 베이터우 공공도서관은 대만의 녹색건축 인증시스템인 EEWH ecology, energy saving, waste reduction and health에서 가장 높은 등급인 다이아몬드 등급을 받았다.

베이터우는 대만 제1의 온천 도시로 잘 알려진 곳이다. 90도가 넘는 온천수가 신경통, 근육통 완화에 효과가 있어서, 이곳에는 연중 관광객이 붐빈다. 도서관 근방에서도 퀴퀴한 유황 냄새, 뽀얀 연기, 후끈한 공기를 느낄 수 있다. 베이터우를 둘러보는 관광객들은 건물이 아름다운 베이터우 공공도서관을 명소처럼 찾는다. 그렇다고 이들에게만 인기가 있는 것은 아니다. 공공도서관 사서라면 익히 알겠지만, 일요일 오전의 도서관은 대개 한가하다. 하지만 일요일 오전 9시, 문 여는 시간에 맞춰 도서관을 찾아갔는데도 목조 건물 특유의 은은한 향기 가득한 실내에는 컴퓨터를 사용하는 학생, 나란히 앉아 사이좋게 공부하는 젊은 커플, 신문을 읽는 어르신 등 이용자들이 많았다.

천장의 노란 조명과 테이블의 둥근 램프 때문에 도서관 내부는 북카페 같은 느낌이 든다. 공원을 내다볼 수 있는 둥근 테이블에는 노트북을 사용하거나 핸드폰을 들여다보는 관광객들이 앉아 있어

149

서가가 낮아서 천장과 서가 사이의 공간이 넓고, 밖에서 들어오는 햇살을 고스란히 받을 수 있다. 다만 서가 위까지 책들이 들어차 있는 게 조금은 아쉽다.

서 영락없는 카페 같다. 그런데 이 도서관에 이용자가 많은 것은 멋진 건물과 실내 분위기 때문만은 아니다. 대만의 도서관들은 각 도서관의 특성에 맞게 장서를 구매, 소장하는 경우가 많은데, 베이터우 공공도서관은 생태·환경 컬렉션이 강점이다. 친환경 건축 도서를 비롯해 환경 관련 정기간행물도 다수 보유하고 있어서 이에 관심 있는 이용자라면 둘러볼 게 많을 것이다.

일반적으로 공공도서관들은 보다 많은 자료를 비치하기 위해 서가를 높게 설계한다. 그런데 베이터우 공공도서관 자료실의 서가 높이는 110센티미터로 상당히 낮은 편이다. 서가가 높았더라면 멋진 야외 경관이 보이지 않고 햇빛을 담뿍 받기 어려우며 환기도 여의치 않았을 텐데, 서가가 낮은 덕분에 자료실은 넓고 개방적인 느낌이 든다. 이용자들은 선 채로 서가 위에 책을 펼쳐놓고 읽기도 하

150

베이터우 공공도서관 뒤편의 발코니. 정겨운 오두막 같은 느낌이 드는 이곳에서 바람을 쐬며 바깥 풍경을 바라보다 보면 시간 가는 줄 모를 것이다.

고, 서가 중간의 움푹 비워둔 공간이나 서가 끝에 비치된 의자에 앉아서 책을 보고 있었다. 서가 위의 전등은 이용자가 켜고 끌 수 있어서 불필요한 전력 낭비를 막을 수 있다. 다만 건립 초기에 비해 장서 수가 늘어난 탓인지 서가에 책들이 빽빽이 꽂혀 있고 서가 위에 책이 놓인 경우도 꽤 있었다. 이용률이 높기 때문일 텐데, 손때가 많이 타고 모서리가 찢어진 책도 상당히 많았다.

베이터우 공공도서관은 녹색 도서관으로 다양한 매력을 품고 있지만, 그중에서 가장 눈길을 끄는 곳을 꼽으라면 발코니일 것이다. 이곳은 실용적으로 보자면 햇볕을 피하면서 비가 내부로 들이치지 않게 하기 위해 만들어진 공간이다. 발코니로 나서면 산골의 신선한 공기가 가득 넘쳐흐르고, 도서관을 둘러싼 그윽한 전원 풍경이 눈에 한가득 들어온다. 도서관을 따라 졸졸 흐르는 물소리도 정겹

151

게 들려온다. 베이터우 지열 계곡에서 흘러내리는 개울물이다. 바람이 솔솔 부는 발코니 의자에 앉아 발걸음 바쁜 여행자가 아닌 느긋한 도서관 이용자의 마음으로 책을 꺼내 읽었다. 좋은 날이었다.

10

가오슝 시민들의
일상을 파고든
친환경 도서관

◆

가오슝 시립도서관 지하에 있는 화장실.
바닷속에 들어온 듯 각각의 문마다 해초와 물고기가 그려져 있고
바닥 타일도 수중 밑바닥을 재치 있게 묘사했다.

타이베이에 이은 대만 제2의 도시 가오슝은 인구수에 있어서 타이중에 뒤지지만 전통과 활력이 공존하는 곳이다. 인공으로 만든 연꽃 호수, 둑을 따라 즐비한 유명 사원들, 유서 깊은 쥐잉 구시가 등에서는 대만의 전통적 생활양식을 엿볼 수 있다. 대만에서 두 번째로 높은 85 스카이 타워, '가오슝의 눈'이라고 부르는 드림몰 관람차, 야외에서 저렴하고 싱싱한 해산물을 먹을 수 있는 류허 야시장 등에서는 국제적인 항구도시의 활력을 느낄 수 있다. 가오슝은 외국인 관광객들에게도 인기 높은 여행지인데, 이 도시에 들르는 이들이 방문하는 대표적인 관광 명소이자 시민들이 일상적으로 즐겨 찾는 곳이 바로 가오슝 시립도서관(공식 명칭은 가오슝 시립도서관 총관高雄市立圖書館總館)이다. 야경이 유명해서 많은 이들이 밤 산책을 즐기는 곳이기도 하다.

가오슝에는 중앙도서관인 가오슝 시립도서관을 비롯해 총 60여 개의 공공도서관이 있으며, 도서관 버스 2대도 도심을 누비고 있다. 가오슝 시립도서관은 2015년 1월에 개관했는데, 지상 8층, 지하 1층, 연면적 3만 8000제곱미터의 규모이다. 도서관 측 설명에

155

의하면 세계 최초의 떠 있는 구조 건물로, 건물 1층이 4개의 기둥과 건물을 오가는 계단을 제외하고는 훤히 뚫려 있다. 이곳은 마치 광장처럼 시민들이 자유롭게 오갈 수 있으며, 건물 밖에서 바라볼 때 시원한 개방감을 선사한다. 또한 관내에 극장이 있는 대만 최초의 도서관이기도 하고, 내부 곳곳에 나무들이 많고 정원도 있어서 싱그러운 자연의 향취를 느낄 수 있다.

가오슝 시립도서관은 외국인이 많이 찾는 곳인 만큼 이들을 위한 투어 프로그램을 진행하고 있다. 도서관 운영 시간에 투어를 신청하면, 가오슝 시립도서관의 역사, 건축, 장서 구성 등에 대해 대만어, 중국어, 영어, 일본어의 4개 언어로 전문 직원의 설명을 들을 수 있다. 프로그램은 1시간가량 진행되며, 개인 및 단체 방문이 가능하다.

자연의 향취를 느낄 수 있는 독서 공간

가오슝 시립도서관은 미국과 프랑스에서 건축학을 전공한 대만의 건축가 류페이썬劉培森과 세계적인 건축 상인 프리츠커 상을 수상한 일본의 건축가 이토 도요오伊東豊雄가 공동 팀을 만들어 설계했다. 흥미롭게도 두 건축가 모두 서울에서 태어난 이들이다. 이토 도요오는 이 책의 5장에서 소개할 일본의 센다이 미디어테크를 설계하기도 했는데, 두 도서관에서 모두 바닥부터 꼭대기까지 나무 줄기가 타고 올라가듯 건물을 관통하는 그의 시그니처 기둥들을 볼 수 있다. 가오슝 시립도서관 건물에는 총 4개의 큰 기둥이 있으며, 이 중 2개는 도서관의 빛을, 나머지 2개는 각각 바다와 나무를 상징한다.

가오슝 시립도서관 6층에 심어놓은 아시안 베이베리 나무. 키가 커서 8층까지 뻗어 있으며, 청량한 자연의 느낌을 선사한다.

이 도서관은 친환경 도서관으로 잘 알려져 있는데, 건축의 콘셉트를 '나무'로 잡은 뒤 이를 건물에 잘 녹여냈다. 6층 아트리움에 심어놓은 8개의 아시안 베이베리 나무는 8층까지 높게 뻗어 있는데, 청량한 자연의 느낌을 선사한다. 서쪽과 남쪽 테라스에는 여러 종류의 계피 나무들을 심었는데, 이는 외부의 소음과 햇볕을 차단해 쾌적함과 시원함을 더해준다. 나무 가득한 도서관에서 이용자들은 책을 읽으며 충전의 시간을 가질 수 있을 것이다.

이곳의 에어컨 시스템은 도서관 바닥에 있는 5000개 이상의 통풍구에서 시원한 공기를 위로 올려주도록 설계되었는데, 이를 통해서 에너지 소비를 30퍼센트 절감했다. 친환경 도서관다운 세심한 시스템이다. 여기에 실내 식물이 더해지면서 내부 온도를 2도가량 낮출 수 있다고 한다.

한밤의 가오슝 시립도서관. 1층의 기둥들은 각기 다른 빛을 발산하며, 그 위의 건물에서도 외벽 유리를 통해 빛이 비쳐서 건물이 아름다운 보석처럼 보인다.

옥상에는 뉴 베이 가든New Bay Garden이라는 아열대 정원도 있다. 엘리베이터나 원형 계단을 이용해 올라갈 수 있으며, 가오슝 항구의 아름다운 전망도 감상할 수 있다. 가오슝 전시 센터, 해양문화 및 대중음악 센터와 같은 가오슝의 랜드마크도 볼 수 있다. 날씨가 좋을 때면 항구와 연결된 비단 같이 푸른 바다가 눈에 들어올 것이다. 늦은 오후에 방문하면 바닷바람이 온화해서 쾌적할 것이고, 눈이 시릴 만큼 아름다운 일몰을 보는 것도 추천한다. 셀카나 단체 사진을 찍기에도 좋은 곳이다.

밤의 도서관은 낮과는 또 다른 모습이다. 어둠이 짙게 깔리면 도서관에 있는 4개의 중심 기둥들은 각기 다른 빛을 발산하며, 건물 외벽 유리를 통해 비치는 빛과 야외 조명이 더해져서 아름다운 보석처럼 변한다. 연인들에게는 낭만적인 데이트 장소일 것이다.

159

다채로운 전시가 가득한 곳, 새로운 책과 만나는 공간

2019년 통계를 살펴보면, 가오슝 시립도서관은 79만여 점의 장서를 소장하고 있으며 한 해 동안의 대출 건수는 140만여 건에 달한다. 이 도서관은 개관 초기부터 70만여 권이 넘는 장서를 갖추었는데, 새로 책을 구매했을 뿐만 아니라 다양한 고전 및 절판 자료들을 함께 수집했다. 이는 국가도서관의 자료보존센터, 각 대학의 관련 부서, 출판사, 연구자, 고대 유물 수집가 등 개인, 그룹, 기관으로부터 기부와 대여를 받은 것들이다.

열람실 서가에서는 이렇게 수집한 자료 가운데 572종을 선별하여 상설 전시를 하고 있다. 자료들은 미니 박물관 형태로 250개 유리 케이스 안에 비치해두었는데, 전시만 될 뿐 대출이 되진 않는다. 학술적·예술적·문화적 가치가 있는 자료들로, 현재 절판된 고전이자 사본이 없는 유일본인 경우가 대부분이다. 단행본 외에 논문, 문서 등이 포함되어 있고, 이들은 주제별로 10개의 범주로 나뉘어 전시된다.

도서관에서는 자료의 보존과 보관에도 세심한 신경을 쓰고 있다. 상설 전시되는 모든 자료는 사전에 국가도서관으로 발송한 뒤 21일간 냉동을 통한 해충 제거 작업을 거친다. 책벌레를 완벽하게 퇴치하여 책을 온전히 보존하기 위한 과정이다. 이후 가오슝 시립도서관으로 돌아온 자료들은 각 서가에 있는 유리 케이스에 비치되는데, 케이스 아래에는 제습을 위한 활성탄 또는 숯을 두었고 케

유리 케이스에 들어 있는 전시 자료. 서가 중간중간에 자료가 비치되어 있어서
이용자들은 책장을 둘러보다가 자연스럽게 전시를 볼 수 있다.

이스 안에는 자료를 손상하지 않는 50럭스의 저^低자외선 조명을 설치했다. 또한 각각의 케이스마다 자료를 소개하는 설명이 있다.

이 전시는 도서관에서 새로운 책을 빌릴 뿐만 아니라 오래된 책을 감상하게 함으로써 이용자들에게 새로운 경험을 선사한다. 서가를 오가며 만나게 되는 전시를 통해 이용자들은 쉽게 접하기 어려운 고서^{古書}와 고전의 실제 모습을 볼 수 있으며, 오래된 책을 통해 이어져 내려오는 문화와 가치에 대해서도 생각해볼 기회를 갖게 된다.

가오슝 시립도서관에는 또 하나의 흥미로운 전시가 있다. 〈문화 침전물^{Cultural Sediment}〉이라는 예술 작품인데, 한 권씩 한 권씩 책들이 쌓여 문화가 만들어진다는 의미에서 붙인 이름 같다. 이 작품을 만든 대만의 현대 조각가 천룽빈^{陳龍斌}은 오래되고 버려진 책, 신문,

161

잡지 등 현대 사회의 문화적 잔해들을 조각의 소재로 활용하는 작가다. 〈문화 침전물〉에서는 동서양을 대표하는 지성으로 승려 달마와 레오나르도 다빈치를 작품의 중심에 형상화했다. 또한 책을 켜켜이 쌓아 이들을 둘러싸는 벽을 만들었는데, 이는 두 지식인의 사고를 상징한다. 멀리서 볼 때와 가까이서 볼 때 느낌이 달라서 더욱 흥미로운 작품이다.

가오슝 시립도서관은 책 진열에 있어서도 전시의 느낌이 물씬 풍긴다. 특히 베스트셀러 코너를 둘러보면 도서관이 아니라 서점과 같은 느낌마저 든다. 물론 이곳의 책들은 구입하지 않아도 집으로 가져가 읽을 수 있지만 말이다. '책과의 소개팅' 코너도 재미있는데, 이곳에는 무슨 책인지 알 수 없게 책들을 포장해둔 뒤 비치해두고 있다. 선물의 느낌이 들도록 공들여 포장해두었는데, 이러한 책을 대출한 이용자들은 예상치 못한 책을 만나는 즐거움을 경험할 것이다.

본관 4층의 시청각 멀티미디어 코너에는 14개의 부스가 있고 6000편가량의 영화 DVD가 비치되어 있다. 이용 등록을 하고 무선 헤드폰을 빌린 뒤 부스에서 영화를 볼 수 있으며, DVD의 대여도 가능하다. 전자책을 즐겨 읽는다면, 스마트폰이나 태블릿 등을 이용해 관내에서 제공하는 무선 인터넷에 접속한 뒤 무료 전자책 서비스를 이용할 수 있다. 3층에 있는 '랩 커피LAB Coffee'는 커피를 한 잔 마시며 느긋하게 전자책을 읽기에 좋은 곳이다. 차를 즐겨 마신다면 1층의 차 전문점 '한림다관翰林茶館'에 들러보는 것도 좋겠다.

◆

❶ ❷ 가오슝 시립도서관에 설치된 천룽빈의 작품, 〈문화 침전물〉. 책 조각을 켜켜이 쌓아 동서양의 대표적인 지성의 사고를 형상화했다.

❸ '책과의 소개팅' 코너. 이용자들은 어떤 책인지 알 수 없도록 포장된 책을 대출할 수 있고, 이를 통해 예기치 못한 책과 만나게 된다.

토요일 오후에 시간이 된다면, 도서관 강의를 참관해보는 것도 추천한다. 7층 강당에서는 대형 강의가, 계단 펜트하우스 Staircase Penthouse 에서는 소규모 강의가 진행되는데, 이용자들의 열기도 함께 느낄 수 있다.

11

햇살과 녹음을 끌어안은
고요하고 평화로운
독서 공간

◆가오슝 문학관 高雄文學館, Kaohsiung Literary Museum

◆가오슝 리커융 기념도서관 高雄李科永紀念圖書館, Kaohsiung Li Ko-Yung Memorial Library

◆

가오슝 중앙공원 안에 있는 가오슝 리커융 기념도서관은
자연을 훼손하지 않으면서 이를 고스란히 건물 안으로 끌어들였다.
푸르른 나무를 뒤로한 채 책 읽는 이의 모습이 여유로워 보인다.

원래의 목적지는 도서관이 아닌 가오슝 문학관高雄文學館이었다. 중앙공원에 도착한 뒤 스마트폰에서 구글 지도 앱을 켜고 위치를 확인했는데, 근방에 도서관이 있었다. 어쨌거나 원래의 목적지인 문학관에 먼저 들러보기로 했다.

가오슝 문학관의 면적은 1579제곱미터로 그다지 크지 않다. 1층에는 안내 부스와 카페, 편안한 느낌의 전시 공간이 있고, 2층에는 문학 토론실, 문학 상영실, 독서실처럼 이용되는 열람 공간이 있다. 이곳은 원래 도서관이었는데, 2004년 3월에 가오슝을 대표하는 최초의 문학관으로 이름과 정체성을 바꾸면서 작가들의 자료를 수집·제공하기 시작했다. 2006년에는 '가오슝 작가 기록보관소'가 정비되었으며, 현재 200여 명의 작가 이력, 사진, 도서 카탈로그, 기타 자료를 제공하고 있다.

대만 문학 박물관의 선구자로 자리매김한 가오슝 문학관이 주력하는 분야는 청소년 문학이다. '가오슝 청소년 문학상'을 제정한 뒤 연례행사를 진행하며, 청소년 문학 자료를 수집·출판하는 작업을 한다. 젊은 작가 양성에 힘쓰면서 대중들이 청소년 문학에 다가갈

◆

가오슝 문학관에 들어서면, 새의 깃털들을 모아 만든 천장의 인테리어가 가장 먼저 눈에 들어온다(위). 환상적인 문학의 공간에 들어선 기분이 들 것이다. 카페에서 차를 한 잔 마시며 근방의 전시 자료들을 살펴보는 것도 이곳을 즐기는 좋은 방법이다(아래).

수 있도록 적극적인 홍보 활동도 벌인다.

또한 가오슝 문학관은 '가오슝 작가 디지털 정보수집 아카이브'
를 통해 작가의 작품 목록, 원본 스캔 도서, 전자책, 강의 비디오 등
을 온라인으로 서비스한다. 지역 자료에도 관심을 기울이고 있어
서, 가오슝 관련 문학 자료를 수집·전시하며 지역 작가와 관련한
디지털 컬렉션도 갖추고 있다.

전시 공간에서는 작가의 글과 이미지, 자료 등을 바탕으로 정기
적인 전시를 진행하며, 디지털 멀티미디어를 활용한 전시도 선보
인다. 또한 작가의 문학 강의, 신간 발표회, 기타 문학 관련 활동을
기획하는 작업도 벌인다. 가오슝 문학관은 문학 창작과 문화 레저
를 결합한 독서 공간으로, 이용자들이 문학에 친근하게 다가갈 수
있게 하는 문학의 정원이다.

민간이 건립하여 기부한 뒤 정부가 운영하는 공공도서관

가오슝 리커융 기념도서관高雄李科永紀念圖書館은 가오슝 문학관이
있는 첸진 지구의 중앙공원에 있다. 가오슝의 다른 공공도서관에
비해 건물은 그리 크지 않은 편으로, 지상 3층, 지하 1층에 연면적
이 2350제곱미터이다. 호수를 마주보고 있으며, 오래된 나무들에
가려서 입구는 물론이고 건물마저 잘 보이지 않는다.

이곳은 가오슝 최초로 민간이 건립한 뒤 기부하여 정부가 운영하
는 공공도서관이다. 도서관 이름에 들어 있는 리커융李科永은 평생

169

목재상으로 일하면서 대만의 목재 산업 발전에 기여한 인물이다. 어린 시절 어려운 가정 형편 때문에 가까스로 학업을 이어갔던 그는 사업에 성공한 뒤 재산을 사회에 환원해 가난한 어린이들의 학습을 지원하려고 했다. 하지만 미처 그 꿈을 펼치지 못한 채 1990년 7월 미국에서 사망하고 만다.

그의 자녀들은 아버지의 유지를 받들어 1997년 리커융문화교육재단李科永文教基金會을 설립했다. 이 재단은 대만 각지에 도서관을 지은 뒤 기증하는 사업을 집중적으로 벌여 나갔다. 리커융의 고향에 있는 주난초등학교를 비롯하여 하이커우초등학교, 딩푸초등학교에 도서관을 건립했으며, 가오슝 리커융 기념도서관은 이 재단이 세운 네 번째 도서관이다. 이후에도 활동을 이어 나가서 타이중 리커융 기념도서관臺中李科永紀念圖書館, 타이베이 리커융 기념도서관台北李科永紀念圖書館, 뤄둥 리커융 기념도서관羅東李科永紀念圖書館 등을 지었다. 이들 도서관은 건립을 마친 뒤 모두 지방 정부에 이관되어 관리되고 있다.

그런데 가오슝 리커융 기념도서관의 건립 과정은 만만치 않았다. 2013년 착공을 하고서 1년 뒤에 완공을 예상했지만, 도서관이 개관하는 데는 5년이 걸렸다. 환경 단체의 반대에 부딪혔기 때문이다. 새로이 들어서는 시멘트 건물이 중앙공원의 생태를 파괴할 것이라는 우려, 도서관 건립을 위해 '비공개' 컨소시엄이 구성된 데 대한 반발, 공공녹지에 개인의 이름이 붙은 기념관이 건립되는 것에 대한 이의 제기 등이 주된 반대 이유였다.

◆

가오슝 리커융 기념도서관의 입구. 나무들을 베어내지 않고 그대로 두어서 입구뿐만 아니라 건물도 잘 보이질 않는다. 하지만 그 덕분에 도서관 내부에서 바깥을 바라보면 푸르른 신록이 바로 눈앞에서 펼쳐진다. 환경 단체의 반발을 최대한 받아들인 덕분에 만들어진 결과물이다.

도서관의 유리창 너머로 푸르른 나무와 함께 잔잔한 호수가 눈에 들어온다. 내부 조명이 안온해서 더욱 따스한 느낌이 든다.

이들의 반대를 경청하며 가오슝 시는 2014년 이래로 6회의 공청회, 1회의 시민 포럼, 15번의 브리핑을 하며 시민들의 의견을 수렴했다. 도서관 건립팀은 도서관의 면적을 줄이고, 건물 높이를 낮추고, 논란이 많았던 나무 이식도 최소화하면서 수차례 도서관 설계를 조정했다. 이렇게 도서관은 가능한 한 환경을 파괴하지 않고 경관을 유지하면서 녹색 숲과 조화를 이루는 방법을 모색했다. 그리고 결국 참매가 하늘로 솟아오르고 다람쥐가 나무를 타고 넘는 자연을 지켜보면서 책을 읽을 수 있는, 인간과 생태를 조화롭게 통합한 도서관이 탄생했다.

푸른 하늘과 녹색 나무를 보며 평화롭게 책 읽는 공간

2018년 8월에 개관한 가오슝 리커융 기념도서관은 1억 500만 대만 달러(한화로 약 42억 5300만 원)가 건립비로 소요되었다. 설계는 대만의 건축가 천즈징陳志靖이 맡았는데, 타이중 리커융 기념도서관 역시 그의 작품이다. 천즈징은 도서관 주변의 자연을 존중하면서 그 아름다운 경관이 도서관에 스며들게 했다. 도서관과 자연의 조화로운 공존을 시도한 것이다. 도서관 곳곳에서는 넓은 유리창을 통해 공원 녹지가 고스란히 눈에 들어온다. 푸른 하늘과 녹색 나무를 실내에서 볼 수 있어서 좋고, 그렇게 자연을 끌어안음으로써 내부 공간에도 자연스럽게 자연이 깃들어 있는 듯하다.

가오슝 리커융 기념도서관은 7만 권이 넘는 장서를 소장하고 있는데, 1층의 추천 컬렉션에는 대만 문학 및 역사 자료 3000여 점과 환경 보존 및 자녀 교육 관련 자료, 특별 소장품 3500여 점이 있다. 2층에는 중국사, 세계사, 지리, 언어, 예술 컬렉션 2만 6000여 권이, 3층에는 총류, 철학, 종교, 사회과학, 자연과학 컬렉션 2만 9000여 권이 비치되어 있다.

도서관은 고요하고 정적이고 안정적이고 평화롭다. 이는 단순하면서도 감각적인 실내 디자인에 힘입은 것이다. 기존 도서관들의 백색 조명이 갖는 단점을 보완한 조명들은 온화한 따스함을 발산한다. 내부에는 번잡하고 요란한 장식이나 표지판 없이 서가와 책상, 의자만 단정하게 놓여 있다. 그 빈자리를 채우는 것이 햇살과

173

◆

가오슝 리커융 기념도서관의 실내에는 기능적으로 꼭 필요한 서가, 책
상, 의자만 놓여 있다. 그러나 햇살과 녹음이 그 빈자리를 채우면서 공간
이 생기를 얻고 한층 풍요로워진다.

녹음이다. 창문을 열면 실내와 야외는 자연스럽게 하나로 통합되면서 이어진다. 나무는 인테리어의 소재와 콘셉트로도 이용되었다. 자료실 중앙의 기둥은 마치 나무를 심어놓은 듯하고, 그 주변에 편안한 소파를 두어서 이용자들은 나무 아래에서 책을 읽는 듯한 느낌을 받게 된다. 소파 역시 나무 모양을 그대로 살려서 편안한 느낌을 준다. 지하 1층에 있어 녹지를 풍경으로 끌어들일 수 없는 어린이실은 나뭇잎 모양의 디자인으로 활기찬 분위기를 연출했다.

건립 당시의 우려와 달리 도서관 건물은 환경을 훼손하지 않으면서 많은 이들에게 가까운 거리에서 자연 경관을 감상하는 기회를 제공하고 있다. 도서관을 찾는 이들은 푸른 하늘과 잔잔한 호수, 녹색의 나무와 흰 구름을 보면서 책을 읽을 수 있다. 녹지에 들어선 가오슝 리커융 기념도서관은 주변 환경과 공생하면서 균형을 추구한다. 또한 책을 소장하고 읽는 공간이라는 도서관의 본질적 기능에도 충실한 곳이다. 좋다는 말로는 부족하다. 최고다.

◆

<u>4장</u>

최고의 교육 환경은
도서관에서 비롯된다

핀란드

◆

◆

북유럽의 작은 나라 핀란드는 교육 강국으로 잘 알려져 있다.

그런데 핀란드 교육이 주목받는 가장 큰 이유는

그 사회가 만들어온 교육의 과정과 방향성 때문일 것이다.

지나친 경쟁을 지양하면서 무언가를 배운다는 것의 본질을 고민해온

핀란드의 도서관은 과연 어떠할까.

시민들의 평생교육 기관으로 굳건히 자리하고 있는

이곳의 도서관들을 한번 살펴보자.

12

시민들과 함께
만들어낸
헬싱키의 심장

◆ 헬싱키 중앙도서관, 오디 Helsingin keskustakirjasto Oodi, Helsinki Central Library Oodi

◆

'책의 천국'이라는 이름이 붙은 오디의 3층 자료실.
파도처럼 넘실대는 듯한 천장, 창문 바깥으로 훤히 보이는 풍경도 좋지만
마치 거실처럼 이곳에서 책을 읽고 이야기를 나누는 이용자들이 가장 눈에 띈다.

헬싱키에 새로운 중앙도서관이 들어선다는 뉴스를 처음 접한 것은 2014년 3월경이었다. 도서관 건립이야 흔한 일이지만, 이것이 뉴스가 된 것은 도서관에 사우나 시설을 들이겠다는 헬싱키 시의 결정 때문이었다. 세상에, 도서관 안에 사우나라니!

도서관 이용자 수가 예상보다 늘어날 것을 우려한 당시의 헬싱키 시립도서관 관장은 새로운 도서관에 사우나 시설을 넣지 말아달라고 요청했다. 하지만 이에 대한 헬싱키 시 문화위원회의 답변은 다음과 같았다. "사우나는 핀란드 시민의 여가에 필수적인 요소입니다. 그러니 헬싱키 주민들은 새로운 중앙도서관에서 사우나를 즐길 수 있어야 합니다." 논란 끝에 헬싱키 중앙도서관에 사우나를 설치하기로 했으며, 이러한 뉴스는 사람들의 이목을 끌기에 충분했다.

핀란드 사람들이 아무리 사우나를 즐긴다 해도 정말 이게 가능할까. 조금은 의구심을 품고 상황을 지켜보았다. 개관이 가까워오자 어느 사이엔가 내 우려대로 이 도서관의 사우나 이야기는 사라졌다. 하지만 드문드문 발표되는 핀란드발 헬싱키 중앙도서관 관련 기사들은 여전히 내 눈을 사로잡았다.

시민들의 목소리를 반영한 시민들의 공공도서관

이 도서관의 개관을 지켜본 데는 또 다른 이유가 있었다. 헬싱키 시에서 펴낸 중앙도서관 리뷰 리포트 「메트로폴리스의 중심, 헬싱키의 심장」을 우연히 보게 되었기 때문이다. 2008년 3월에 발간한 이 리포트는 58쪽에 불과하지만, 앞으로 건립될 도서관에 대한 원대한 목표와 비전을 담고 있었다. "미래의 도서관은 문화의 천국, 지식과 영감의 허브이다." "미래의 도서관은 콘텐츠가 가장 중요하다." "미래의 도서관은 사람들이 함께하는 곳이다." "미래의 도서관은 소통하는 곳이다." 지금 보더라도 시대에 뒤떨어지지 않는, 공공도서관 서비스의 본질을 골고루 잘 담고 있는 말들이다. 또한 개관하기도 전에 도서관의 프로그램을 공간별, 요일별로 계획해둔 것을 보니 놀라움이 밀려들었다.

헬싱키 중앙도서관 건립 프로젝트는 이후 설계 공모를 진행했는데, 전 세계 유수의 건축가들이 544개의 디자인을 출품했다. 그런데 흥미로운 것은 설계의 심사 과정에서 모든 디자인을 공개하고 시민 투표를 거침으로써 이들의 의견을 반영한 점이었다. 이 과정을 통해 헬싱키에서 활동하는 건축가 그룹 ALA 아키텍츠의 설계가 최종 선정되었다.

헬싱키 중앙도서관 건립 프로젝트는 도서관 전문가, 건축가를 비롯한 다양한 이들이 참여하는 워크숍과 네트워킹 행사도 진행했다. 이 자리에서는 도서관 서비스에 대한 브레인스토밍을 하고, 디

마치 거대한 함선처럼 보이는 오디의 외관. 헬싱키 시내의 칸살라이스토리 광장에 있는 이 도서관은 독특한 외관 때문에 사람들의 시선을 사로잡는다.

자인을 비롯한 세부 사항도 협의했다. 공청회를 열어서 사우나와 같은 부대시설을 도서관에 넣을지 여부를 논의하기도 했고, 시민 공모를 통해 도서관의 이름도 결정했다. 오디Oodi는 그렇게 탄생한 이름으로, 정열적이고 서정적인 시 혹은 찬가를 의미한다.

온라인으로 시민들의 의견을 모은 작업도 눈여겨볼 만하다. 도서관에서는 웹 사이트를 만든 뒤 도서관에 대한 직원들의 아이디어와 희망을 '꿈의 나무'라는 게시판에 올리기 시작했다. 여기에 적극적인 시민들이 가세하여 의견을 더해 나갔다. 전문가의 의견을 묻고, 시민들의 참여를 끌어낸 뒤 이들의 다양한 목소리를 반영한 헬싱키 시의 노력, 그것이 바로 핀란드를 최고의 도서관 선진국으로 만든 동력일 것이다.

183

이러한 과정을 거친 끝에 오디는 2018년 12월 5일 개관했다. 그 다음 날은 핀란드가 러시아로부터 독립한 100주년 기념일로, 헬싱키 시는 자국 시민들에게 100살 기념 선물로 이 도서관을 선사한 것이다.

오디는 2019년 세계도서관정보대회에서 올해의 도서관으로 선정되었다. 이곳의 관장인 안나마리아 소이닌바라Anna-Maria Soininvaara는 다음과 같이 오디를 소개한 바 있다. "오디는 오랜 시간 동안 시민들과 함께 설계한 도서관입니다. 건축의 기초가 되는 2000개 이상의 아이디어가 시민들에게서 나온 것이지요. 설계를 담당한 ALA 아키텍츠는 이용자들이 바라는 모든 요소를 고려하여 놀라우면서도 독특한 건물을 만들어냈습니다. 시민들은 개관 즉시 오디를 자신의 것으로 받아들여 이용하기 시작했고, 이는 오디의 가장 큰 성공 요소입니다. 올해의 도서관으로 선정된 것을 보면, 전 세계가 이에 주목하고 있음을 알 수 있습니다."

전통적인 도서관답지 않은, 그래서 사람들을 끌어들이는 곳

그런데 개관과 함께 오디는 헬싱키 시민들 사이에서 찬반 논란을 불러일으켰다. 도서관 건립에만 약 1억 유로(한화로 약 1408억 원)라는 막대한 세금이 들었다는 점, 다른 공공도서관에 비해 장서 수가 10만여 권으로 적은 데다가 소음이 심한 점, 그리고 도서관을 학교 숙제를 위한 곳으로 여긴 이들에게는 도서관답지 않았다는

오디의 1층부터 3층까지를 잇는 원형 계단. 곡선과 직선이 단아하고 세련되게 균형을 이루고 있고, 전 반적인 색조도 안정되어 보인다. 이것이 디자인 강국의 도서관 계단이다.

점 등이 논란의 이유였다. 하지만 바로 그 이유, 즉 전통적인 도서관답지 않다는 점 때문에 오디는 많은 이용자들의 사랑을 받고 있다. 심지어 도서관에 전혀 관심조차 없던 이들마저 도서관으로 끌어들이고 있다. 그렇다면 오디는 기존의 공공도서관과 무엇이 다른 것일까?

우선 오디는 디자인 강국의 도서관답게 디자인이 남다르다. 멀리서 바라보면 마치 흰 눈이 소복이 쌓인 거대한 함선처럼 보이며, 가까이 다가서면 거대한 선박 위로 파도가 넘실대는 듯하다. 헬싱키의 청정한 하늘과 우아한 곡선의 원목이 어우러져 빼어난 아름다움이 느껴진다. 좁고 긴 외벽은 유리와 핀란드산 전나무를 활용하여 인상적인 형태의 물결 모양을 이룬다.

건축 디자인만이 아니라 공간 디자인 역시 뛰어나다. 그 독창성과 세심함은 지하 1층의 화장실에서도 확인할 수 있다. 사실 나는 아무런 정보 없이 무심코 들어섰다가 '여기가 대체 뭐하는 데지?' 하고 의아해했고, 한참 후에야 비로소 이곳의 정체를 알게 되었다. 최고급 호텔 시설 같은 깔끔하고 세련된 디자인에다가 남녀가 뒤섞여 있는 탓에 화장실이라고는 생각지 못한 것이다. 이곳 화장실은 남녀가 공용으로 사용하며, 화장실의 각 칸에 사람이 들어가면 내부에 불이 들어와서 그 칸을 누군가가 이용하고 있다는 것을 알 수 있다.

이제 본격적으로 내부 공간을 살펴보자. 오디는 지하 1층의 화장실을 제외하면 총 3개 층으로 구성되어 있다. 1층에는 카페, 영화

오디의 지하 1층에 있는 화장실. 성 중립 화장실로 남녀가 공용으로 사용하며,
깔끔하고 세련된 디자인이 돋보이는 곳이다.

관, 다목적 극장 등 시민들의 모임과 만남을 위한 공간이 마련되어
있다. 이 도서관에서 광장의 역할을 하는 곳으로, 카페에서는 간단
한 음식과 함께 와인도 판매한다.

　2층에는 각종 스튜디오, 그룹 스터디 룸, 계단형 독서 공간 등이
있다. 메이커스페이스, 도시 워크숍 코너, 음악 및 영상 제작 스튜
디오, 가상현실 룸, 플레이스테이션 게임방, 싱크대가 설치된 공유
주방 등에서는 많은 이용자들이 갖가지 활동을 벌인다. 전통적인
도서관에서는 찾아보기 힘든 모습이다.

　이처럼 오디는 다양한 기술을 배우고 새로운 경험을 할 수 있는
시설과 장비를 제공하면서 이용자들의 관심사 및 취미 활동을 지
원한다. 물론 이곳은 신문과 잡지를 보고, 책을 읽고, 토론을 하고,
강연을 듣고, 발표회를 하고, 각종 전시를 즐기는 문화 공간이기도

187

◆

오디의 2층. 메이커스페이스에서는 최신 장비를 활용해 다양한 것들을 만들 수 있고(위), 어반 워크숍 코너에서는 UV 프린터에서 출력한 자신의 작업물을 재단하는 이용자가 보인다(중간). 가상현실 룸에서는 머리에 디스플레이 헤드셋을 쓴 이용자가 전시를 보고 있다(아래).

하다. 하지만 그에 더해 3D 프린터, 레이저 커팅기, UV 프린터 등 최신 장비를 이용해 무언가를 만들기도 하고, 재봉틀로 작아지거나 해진 옷을 수선하기도 하며, 3D 밀링 커터로 금속과 보석을 가공하거나 글자를 새길 수도 있다. 친구들과 음악을 연주해 녹음하며, 이미지와 영상을 편집하기도 한다. 여럿이 모여 음식을 해먹거나 각종 게임을 즐길 수도 있다.

'책의 천국Books Heaven'이라고 불리는 오디의 3층은 10만여 권의 장서가 비치된 이 도서관의 자료실이다. 대개의 공공도서관에서는 소음 때문에 어린이 자료실과 성인 자료실을 구분한다. 그런데 오디의 자료실에는 칸막이나 벽이 없으며, 모든 연령대가 자연스럽게 어우러지게 공간이 구성되어 있다. 또한 이곳은 천장이 낮고 직선으로 길기만 한 공간이지만, 놀랍도록 따스하고 아득한 느낌이 든다. 파도치듯 넘실거리는 천장, 은은한 조명, 책들이 가득하지만 낮은 서가 덕분이다. 일반적인 공공도서관 성인 자료실에서는 대개 6단 서가를 쓰는 데 반해 이곳은 성인 키보다 작은 4단 서가를 사용했다. 그 덕분에 공간은 한층 여유로워 보인다. 게다가 외벽이 유리로 되어 있어서 밝고 환한 햇살이 그대로 쏟아져 들어오며, 헬싱키 중심가가 한눈에 내려다보인다. 뛰어난 전망 덕분에 창가의 소파 자리는 빈 곳을 찾아보기 어려울 정도로 인기가 좋다.

범선 모양의 양쪽 끝 바닥면은 좁아지면서 서서히 올라가 있는데, 마침 한 커플이 이곳에서 영화 〈타이타닉〉의 한 장면을 본뜬 사진을 찍고 있었다. 다정한 모습을 보다 보니 슬며시 미소가 새어나

189

오디의 3층에 있는 어린이 코너. 카펫을 깔아두어서 아이들이 신발을 벗고 뛰놀 수 있다. 재미있게 놀고 있는 아이들도, 그 아이들 곁에 있는 어른들도 여유로워 보인다. 이곳의 어린이 코너는 벽이나 칸막이를 두지 않은 채 다른 공간과 이어져 있다.

왔다. 자료실 한가운데에는 카페가 있으며, 국회의사당이 마주보이는 창가나 야외 테라스에 앉아 음료와 함께 간단한 음식을 먹을 수 있다. 이곳의 테라스는 마치 해변가 백사장 같은 느낌이 든다. 느긋이 앉아 따사로운 햇살을 즐기거나 선선한 바람을 맞으며 주변 전망을 만끽할 수 있다.

어린이 코너에서는 부모가 아이에게 책을 읽어주기도 하고 장난감을 갖고 놀아주기도 한다. 카펫이 깔린 바닥에서 신발을 벗고 뛰노는 아이들을 흐뭇하게 지켜보며 담소를 즐기기도 한다. 한쪽 벽면에 가지런히 길게 늘어선 유모차들도 시선을 끈다. 저리 많은 유모차가 들어설 수 있는 어린이 코너라니, 한국에서는 상상하기 어렵다. 농구공, 축구공, 줄넘기, 크로케 등을 무료로 대여해주니 이를 빌려가지고 근방 공원이나 광장에서 놀 수도 있다.

기존의 도서관들이 장서 중심의 서재를 표방한다면, 오디는 '시민의 서재'임을 내세운다. 부모와 함께 온 아이들, 친구와 어울려 놀고 싶은 청소년, 아이디어 넘치는 청년, 갈 곳을 찾기 힘든 주부, 최신 정보를 구하는 직장인, 편하게 시간을 보내고 싶은 노인 모두 각자의 방식으로 도서관을 이용한다. 그 무엇을 해도 괜찮다. 조용히 해야 한다는 부담도 없고, 타인의 시선을 의식할 필요도 없고, 하고 싶은 것을 마음껏 할 수 있는 자유의 공간이다. 누구나 이곳에서 새로운 지식과 정보를 접할 수 있고, 새로운 문화를 경험하고 배우고 즐길 수 있다. 모든 이들에게 개방되어 있고, 모든 이들을 환대하는 공간이다.

191

오디를 움직이게 하는 새로운 기술과 시스템

한편 오디가 도입한 최신 기술과 자료의 통합관리시스템은 눈여겨볼 만하다. 이와 관련해서는 오디의 어린이 및 청소년 분야 전문 사서 티나 퓌레와 인터뷰한 내용을 아래에 정리했다.

오디에는 타투^{Tatu}, 파투^{Patu}, 베라^{Veera}라는 세 대의 로봇이 있다. 로봇의 이름은 시민 공모를 통해 250개의 후보를 신청받았고, 오디의 직원들이 로봇 '동료'의 이름을 최종 선정했다. 언론 보도에 의하면, 로봇에 관심이 많은 초등학교 3학년 학생 아다 케토매키^{Aada} $_{Ketomäki}$가 어린이 책 주인공의 이름에서 영감을 받아 지은 이름이 선정작이었다.

이들 로봇은 이용자가 찾는 도서가 어디에 있는지, 화장실은 어디인지, 어떤 식으로 도서가 분류되는지와 같은 단순한 질문들을 처리하기 위해 기획, 개발되었다. 사서는 이보다 깊이 있고 전문적이며 시간이 소요되는 답변을 해야 하기 때문이다. 오디의 1층에는 자동반납기가 있는데, 여기에 반납된 도서들은 컨베이어 벨트를 타고 자동분류실로 이동된 뒤 도서에 부착된 RFID 태그에 의해 각각의 상자에 담긴다. 오디의 책들이 담긴 상자들은 로봇이 3층의 자료실 서가로 옮겨놓는다. 이렇게 로봇들은 평일 오전 8시부터 오후 4시까지 오디의 곳곳을 누빈다. 아직 자율 주행까지는 못하지만, 이를 위한 준비도 하고 있다.

한편 오디의 모든 자료들은 헬메트 네트워크$^{Helmet\ Network}$에 의해

❶ 오디의 곳곳을 누비면서 책을 나르고 이용자들의 간단한 질문에 답변도 해주는 로봇, 베라. 딱딱해 보이는 로봇에 꽃 한 송이가 꽂혀 있어서 조금은 다정한 느낌이 든다.

❷ 자동반납기로 들어온 자료들은 자동분류실에서 분류된 뒤 상자에 담긴다. 오디의 자료가 담긴 상자는 로봇이 3층 자료실로 옮기며, 타 도서관 자료나 상호대차로 신청된 자료가 담긴 상자는 차량을 이용해 파실라 도서관으로 운반된다.

통합, 관리된다. 헬싱키 메트로폴리탄 지역인 헬싱키, 에스포, 카우니아이넨, 반타 등에 있는 64개의 공공도서관이 헬메트 네트워크에 소속되어 있으며, 여기에서는 약 340만 권의 장서를 관리한다. 가령 에스포 지역의 도서관 이용자가 오디의 책을 요청하면, 오디의 도서 정리 직원이 핸드폰으로 도서관리시스템에 접속해 책의 위치를 파악한 뒤 서가에서 뽑아낸다. 각 도서관에서 골라낸 상호대차 신청 자료들은 헬싱키 인근의 파실라 도서관으로 운반되고, 이곳에서 기계에 의한 분류를 거친 뒤 자료를 요청한 각각의 도서관으로 배송된다. 이러한 과정을 거쳐 각 도서관에서 타 지역의 이용자에게 자료가 대출되는 것이다.

오디의 이용율은 상당히 높다. 헬싱키의 인구는 550만여 명에 불과하지만, 개관 이후 하루에 2만 명이 넘게 이용한 적도 있다. 자료 대출률 역시 매우 높다. 2018년 3월에는 어린이 책의 95퍼센트가 대출된 적이 있을 정도이며, 내가 방문했을 때도 약 60퍼센트의 서가만 책으로 채워져 있었다.

인터뷰의 마지막에 티나 퓌레 사서는 오디의 시스템과 시민들의 참여에 대해 언급했다. 그녀는 오디 자체가 아닌 오디의 시스템에서 특히 자부심을 느낀다고 했다. 핀란드의 잘 갖춰진 공공도서관 시스템, 그리고 도서관의 중요성을 알고 오디의 건립을 결정한 핀란드의 시민들이 지금의 오디를 만들었다는 것이다. 새로운 도서관 자체만큼이나 그것을 만들어낸 토대를 눈여겨볼 필요가 있다. 그것이 우리가 오디의 사례에서 배워야 할 것이다.

13

도서관의 도시,
책의 천국이란
이런 것이다

◆칼리오 도서관 Kallion Kirjasto, Kallio Library

◆

이용자가 편한 자세로 앉아 있는 이곳은 칼리오 도서관이다.
성 소수자를 위한 문화 프로그램을 도입한 핀란드 최초의 도서관으로,
성 소수자 관련 자료를 모은 별도의 서가를 영구적으로 만든 것 역시 이 도서관이 처음이다.

헬싱키에 방문한 뒤 세계적으로 화제를 모은 오디를 보게 된 것은 흥미진진한 경험이었다. 새로운 슈퍼 도서관의 출현이 반가웠고, 거대한 함선 모양의 세련되고 감각적인 디자인에 감탄했으며, 시민의 거실을 표방하며 문화 소비와 창작의 공간으로 공공도서관을 자리매김하려는 시도에 탄복했다. 그런데 이 도시를 둘러보면서 나를 놀라게 한 도서관은 오디만이 아니었다.

오디에서 동쪽으로 900미터 떨어진 곳, 걸어서 11분 거리에는 헬싱키 대학도서관Helsinki University Library이 있다. 북유럽에서 가장 아름다운 도서관을 손꼽히는 곳이다. 오디에서 동쪽으로 1.1킬로미터 떨어진 곳, 걸어서 14분 거리에는 핀란드 국립도서관The National Library of Finland이 있다. 핀란드 대성당 맞은편에 있는 이 도서관 입구에는 작은 문패만 하나 달려 있다. 그만큼 외관이 소박한데, 사실이곳은 당대 최고의 건축가인 카를 루드비그 엥엘Carl Ludvig Engel이 설계한 건물이다. 1800년대의 핀란드 엠파이어 스타일로 지어졌으며, 내부는 국가를 대표하는 도서관답게 고풍스럽고 웅장하다. 핀란드 국립도서관과 헬싱키 대학도서관은 고작 220미터 떨어져 있

하늘을 바라보면서 편한 자세로 책을 보고 휴식도 취할 수 있는, 대학 특유의
자유로움이 느껴지는 헬싱키 대학도서관. 딱 봐도 눈을 사로잡는 디자인이다.

고, 도보로 2분 거리이다.

　그뿐만이 아니다. 오디에서 남쪽으로 1.2킬로미터 떨어진 곳, 걸
어서 15분 거리에는 리크하르딩카투 도서관Rikhardinkatu Library이 있
다. 이곳은 1881년에 개관한 핀란드에서 가장 오래된 도서관이다.
특히 중앙 홀은 보는 이의 시선을 단박에 사로잡을 만큼 아름답다.
나선형 흰색 계단이 하늘을 향해 우아하게 솟아올라 있으며, 천장
의 큰 채광창을 통해 햇볕이 쏟아져 내린다.

　이어서 자세히 소개할 칼리오 도서관Kallio Library도 오디에서 멀지
않은 곳에 있다. 오디에서 북쪽으로 1.9킬로미터 떨어진 곳, 걸어서
23분만 가면 있는 이 도서관은 디자인에 있어서 오디나 리크하르
딩카투 도서관에 전혀 뒤지지 않을 만큼 아름답다. 핀란드의 건축
가 카를 호르드 아프 세게르스타드Karl Hård af Segerstad가 설계했고, 핀

1881년에 개관한 리크하르딩카투 도서관의 중앙 홀. 우아하게 하늘로 솟아올라 있는 흰색 계단이 보는 이들의 시선을 사로잡을 만큼 아름답다.

란드에서 네 번째로 오래된 도서관이다. 규모는 그다지 크지 않다. 총 4개 층이며 연면적은 1600제곱미터, 직원들만 쓰는 한 층을 제외하면 이용자에게 개방된 공간은 1300제곱미터이다.

2019년을 기준으로 헬싱키의 인구는 63만여 명이며, 이곳에는 중앙도서관인 오디를 비롯해 분관도서관 36개, 병원도서관 7개, 도서관 버스 2대가 있다. 앞서 언급했듯이 오디 근방만 해도 걸어서 갈 수 있는 유수의 도서관들이 즐비하다. 2019년의 통계를 살펴보면, 헬싱키의 공공도서관들은 총 185만여 권의 장서를 소장하고 있으며, 한 해 동안 이용자들에게 940만여 점의 자료를 대출해주었다. 또한 총 13만여 권의 신간을 구매했으며, 18만여 권의 장서를 폐기했다. 이러한 통계로 보더라도, 헬싱키는 가히 책의 천국, 도서관의 도시라 할 만한 곳이다.

199

오랜 전통을 이어가며 도서관의 정신을 지켜온 칼리오 도서관

핀란드어로 '칼리오Kallio'는 바위 또는 언덕을 뜻하는데, 이곳은 언덕이 많아서 이런 이름이 붙은 듯하다. 헬싱키 도심의 북동쪽 외곽에 있는 칼리오는 원래 인근의 공장과 항구에서 일하는 핀란드 노동자들의 거주지였다. 칼리오 도서관은 1889년 주민들의 요구에 부응해 개인 도서관으로 처음 시작되었는데, 헬싱키 공공도서관 네트워크에 통합되면서 1912년 핀란드 최초로 세금을 지원받아 새로운 도서관 건물을 세우게 되었다.

그 시절에는 대출 데스크 뒤에 서가들을 두는 폐가식으로 도서관을 운영했기 때문에 이용자들은 직접 책을 살펴보지 못한 채 사서에게 필요한 책을 요청해야만 했다. 하지만 1944년의 제2차 소

련·핀란드 전쟁 때 포탄에 맞아 건물이 파괴된 뒤 이를 복구하는 과정에서 도서관은 개가식으로 서가를 바꾸었다. 이와 함께 열람실의 벽을 트고 그 옆에 있던 자료실과 연결하여 아름다운 도서관 홀을 만들었다. 1991년에는 이전까지 사용하지 않았던 다락방을 리노베이션하여 이용자들이 쓸 수 있게 되었다.

　지금의 칼리오는 핀란드의 다른 지역에서 헬싱키로 오는 이들이 가장 많이 찾는 정착지이다. 과거에는 노동계급의 분위기가 물씬 풍겼다면, 이제는 트렌디한 카페, 브런치 식당, 부티크 등이 들어서면서 젊고 활기찬 분위기가 흐른다. 우리나라로 치면 홍대 앞 분위기와 유사하다. 북유럽의 다른 지역에 비해 칼리오는 인구가 밀집되어 있고 문화적으로 풍요로운 반면 임대료는 헬싱키 도심보다 싸다. 학생과 젊은 예술가들 사이에서 이 지역이 인기를 모으는 이

201

◆

빨간 벽돌로 지어서 눈에 확 띄는 칼리오 도서관의 외관(위). 도서관에 들어서면 고풍스러운 계단이 위로 이어지고(중간), 돔 형태의 지붕 아래에 커다란 홀이 자리하고 있다(아래).

유이다. 칼리오 도서관은 헬싱키 중심가에서 다리 하나만 건너면 되는 곳에 있는데, 시내에서 버스, 지하철, 트램을 이용하면 쉽게 오갈 수 있다.

이 도서관은 한 세기가 넘는 동안 시민들의 독서와 학습 공간이자 만남의 장소가 되어왔다. 이곳에서는 문학의 밤, 영화 상영을 비롯해 각종 토론에 이르기까지 매년 약 300회의 행사가 개최된다. 이 중 절반가량은 시민들이 조직한 것인데, 정치적·종교적 목적이 아니고 공공의 공간에서 이뤄지기 적합한 행사라면 예약한 뒤 공간을 무료로 이용할 수 있다.

도서관 건물은 붉은 벽돌로 만들어졌는데, 아르누보 후기 스타일의 영향을 많이 받았다. 내부는 마치 숭고한 느낌의 성당 같다. 돔 형태의 지붕 아래 있는 2층의 홀이 건물의 중심을 이루며, 다른 공간들이 나비의 날개처럼 퍼져 있다. 이 홀로 올라갈 때 지나게 되는 고풍스러운 나선형 계단과 손때 묻은 원목 손잡이는 100년 넘은 건물의 역사를 말해주는 듯하다. 오래된 건물들은 세월의 풍화로 그 빛을 잃어버리는 경우가 많지만, 칼리오 도서관은 리모델링 후에도 원래의 분위기를 잃지 않았다. 옛 도서관을 우아하게 복원한 좋은 사례이다.

한편 이 도서관은 성 소수자를 위한 문화 프로그램을 도입한 핀란드 최초의 공공도서관으로 성 소수자에 대한 이해를 돕기 위한 '무지개 서가'도 마련되어 있다. 핀란드의 많은 도서관에서 퀴어 퍼레이드 기간 동안 성 소수자 문제를 다뤄왔지만, 도서관에 영구

203

적으로 별도의 서가를 만든 것은 이곳이 처음이었다. 무지개 서가에는 소설, 논픽션을 비롯해 만화와 영화를 포함한 컬렉션을 비치하고 있으며, 어린이, 청소년, 성인 등 모든 연령층을 위한 자료들이다. 도서관은 모든 사람에게 열려 있고 다양성을 인정한다는 것, 그러므로 이곳은 성 소수자들이 안전하게 이용할 수 있으며 도서관은 이들을 환대한다는 것, 그것이 바로 무지개 서가가 주는 메시지이다. 이는 동성애에 대한 혐오와 차별에 반대하면서 금기와 편견을 해체하기 위한, 완곡하지만 적극적인 도서관의 노력을 보여준다.

　도서관을 둘러보다가 우연히 안내견과 함께 온 시각장애인 이용자와 마주쳤다. 그는 커다란 개와 함께 자료실에 들어왔는데, 저지하는 직원도 없었고 눈치 주는 이용자도 없었다. 성큼성큼 들어온 안내견은 점자책 서가에서 책을 고른 뒤 책상에 앉아 책을 읽는 이용자의 의자 옆 바닥에 누운 채 꼼짝하지 않고 있었다. 그 모습을 미뤄보건대, 이용자에게나 안내견에게나 도서관 방문은 익숙한 일인 듯했다. 사서에게 다가가 물었다. "이 도서관은 동물을 데리고 들어올 수 있나요?" "모든 동물을 들여올 순 없습니다. 다만 시각, 청각, 발달 장애인의 안내견은 들어올 수 있어요." 모든 이에게 평등하고 누구에게나 접근 가능한 공간이란 이런 것이다.

　칼리오 도서관은 규모가 작지만 소장 자료는 10만 점이 넘는다. 이 중 8만여 권은 책이고, 그 외에 신문, 잡지, 악보, CD, DVD, 블루레이 등을 소장하고 있다. 음악 코너에는 우쿨렐레, 기타 같은 악

◆

칼리오 도서관의 자료실. 오래된 도서관이지만, 자료실의 분위기는 상당히 모던하다. 또한 규모는 작지만 이 도서관은 10만여 점의 자료를 보유한 곳이기도 하다. 일반적으로 도서관에서 대출해주는 도서, CD, DVD뿐만 아니라 파티용 조리 도구, 드릴, 축구공, 재봉틀 등의 물건도 빌려준다.

칼리오 도서관의 복도. 흰색 기둥과 중후한 느낌의 바닥. 원목 서가 덕분에 마치 성당과도 같은 숭고한 느낌이 드는 곳이다.

기가, 어린이 코너에는 플레이스테이션 2와 같은 게임 콘솔이 있는가 하면, 파티용 조리 도구, 드릴, 축구공, 재봉틀 등의 물건도 무료로 빌려준다. 매년 60만 명 이상이 이곳을 방문하고, 약 50만 건의 자료가 대출된다.

핀란드의 도서관법은 교육권, 평등권, 시민권에 대한 믿음을 뚜렷이 밝히고 있다. 도서관법에는 누구나 자유롭게 도서관을 이용할 수 있고, 도서관이 이용자에게 무료로 고급의 서비스를 제공해야 한다고 명시되어 있다. 또한 이를 실현하기 위해 자격을 갖춘 적정 수의 직원이 근무해야 한다는 규정도 있다. 칼리오 도서관에서는 26명의 직원이 일한다. 이 도서관에 대한 글을 쓰는 데 바탕이 된 정보들은 1986년부터 이 도서관에서 일해온 음악 전문 사서 안나 마리카 니쿨라가 인터뷰하면서 제공해주었다.

세계 최고의 수준, 핀란드의 도서관 시스템

핀란드의 도서관 시스템은 국제적인 기준과 견주어보더라도 매우 높은 수준이다. 핀란드에서는 교육문화부가 도서관에 대한 정책 전반을 담당한다. 도서관 정책의 주요 목표는 핀란드 국민의 문화적 권리를 촉진하고 정보와 문화에 대한 접근을 보장하는 것이다. 이런 목표에 걸맞게 교육문화부는 도서관 정책을 기획하고, 도서관 관련 법안을 준비하고, 행정을 집행하기 위한 예산안을 마련한다. 최종적으로는 의회가 이에 대한 결정을 내린다.

핀란드 교육문화부가 관리하는 도서관 네트워크에는 공공도서관, 대학도서관, 전문도서관, 학교도서관 등이 소속되어 있다. 공공도서관의 장서와 정보는 사회의 지적 자본으로 간주되어 모든 이용자에게 무료로 제공되며, 대학도서관의 공간도 모든 이들에게 개방된다. 핀란드의 지자체는 도서관법에 명시된 서비스를 반드시 시민들에게 제공해야 하며, 이 서비스에 누구나 동일하게 접근할 수 있게 해야 한다.

핀란드인의 70퍼센트는 도서관에서 3킬로미터 이내에 살고 있고, 93퍼센트는 10킬로미터 이내에 거주한다. 그만큼 도서관이 시민들의 삶 가까이에 있으며, 어떤 이유에서든 접근하기 어려운 이용자에게 도서관 서비스를 제공하려고 노력한다. 이와 관련한 대표적인 서비스가 도서관 버스이다. 핀란드는 1913년부터 도서관 버스를 운영해왔는데, 스케줄에 따라 일주일에 한 번 이상 정해진 장소로 이용자들을 찾아간다. 모든 연령대가 이용 가능하다.

핀란드는 도서관 시스템을 잘 갖추고 있을 뿐만 아니라 도서관에 대한 시민들의 의식 수준도 매우 높다. 핀란드 시민들이 가장 많이 이용하는 공공 서비스가 바로 도서관 서비스이며, 이용자의 연령 분포도 상당히 폭넓다. 2018년 통계에 의하면, 핀란드 736개 공공도서관의 연평균 대출 건수는 8450만여 건, 이용자의 방문은 5000만여 번에 달한다. 핀란드 시민들은 연평균 9번 넘게 도서관을 방문하며, 15건 이상 자료를 대출한다. 지자체는 한 해 동안 도서관 서비스를 위해 주민 1인당 58유로(한화로 약 8만 1600원)를 지출했다. 최근 서울대 중앙도서관이 실시한 조사에 의하면, 학생들의 1인당 연평균 대출 건수가 학부생은 8.9건, 대학원생은 13.4건이었다. 이들은 핀란드의 시민들보다 책을 덜 빌린 셈이다.

그런데 핀란드의 통계를 꼼꼼히 들여다보면, 2004년을 기점으로 도서관 이용자 수가 감소하고 있음을 알 수 있다. 또한 소장 장서 수도 2004년에 4100만여 권으로 정점을 찍은 뒤 2018년에는 그에 비해 15.8퍼센트가 줄어들었다. 도서관 네트워크에 소속된 도서관 수도 줄어드는 추세다. 2000년에는 936개의 공공도서관이 있었지만, 2010년 이후 100개가 넘는 공공도서관이 문을 닫았다.

그럼에도 다른 국가와 비교해보면 핀란드의 도서관 이용률은 여전히 상대적으로 높은 편이다. 2018년에는 전 국민의 35퍼센트 이상인 200만여 명이 도서관에서 자료를 대출했다. 도서관 이용자 수가 감소하고 있지만 대출 수치가 여전히 높은 것은 도서관이 이용

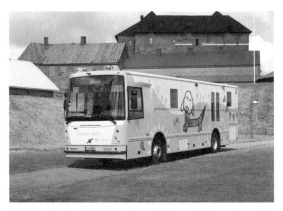

핀란드의 남부 도시 헤멜린나를 누비는 도서관 버스. 핀란드는 100년 가까이 도서관 버스를 운영해온 전통을 갖고 있는 나라다. ⓒ Libraries.fi

자들에게 지속적으로 좋은 서비스를 제공하기 때문일 것이다. 이는 도서관 문화를 촉진하려는 핀란드 정부의 도서관 정책에 힘입은 바 크다. 예를 들면 핀란드 정부는 2000년에 약 2억 800만 유로 (한화로 약 2928억 원)의 예산을 도서관에 집행했는데, 2018년에는 약 3억 2000유로(약 4505억 원)로 그 지출을 늘렸다. 도서관에 대한 정부의 지원이 그만큼 확고한 것이다.

핀란드는 도서관 네트워크를 유지하기 위해 노력하면서 동시에 도서관 서비스의 질적 성장에도 힘쓰고 있다. 수치상으로 본다면 지난 몇 년간 도서관의 소장 장서 수는 줄어들었는데, 이를 단순한 감소로만 보기는 어렵다. 이용률이 저조한 자료들을 폐기함으로써 도서관의 공간을 확보하고 양질의 장서를 보유하기 위한 것이기 때문이다.

일반 시민들이 이용하는 공공도서관에서는 현재 소장하고 있는 장서 수가 중요한 것이 아니라 매년 봉사 인구 대비 신간을 얼마나 추가로 구입했는지가 훨씬 중요한 판단 기준이 되어야 한다. 또한 이용자들이 매력을 느끼는 다양하고 우수한 신간을 선별 구매하는 북 큐레이션 작업과 함께 자료실의 한정된 공간 규모에 맞게 시대에 뒤떨어지거나 이용률이 떨어지는 책들을 과감히 솎아내는 작업이 병행되어야 한다.

오늘날의 도서관은 도서 대출과 정보 제공을 넘어서는 폭넓은 서비스를 제공한다. 콘퍼런스, 토론, 음악회, 전시, 영화 상영, 연극 공연, 레크리에이션 활동 등을 다채롭게 펼쳐가는 것도 도서관의 주요 업무이다. 핀란드의 도서관들은 그러한 길을 뚜벅뚜벅 걸어가고 있다.

14

오랜 세월,
묵묵히 한 지역을 지켜온
도서관

◆ 오울루 시립도서관 Oulun kaupunginkirjasto, Oulu City Library

◆ 카리아실타 도서관 Karjasillan kirjasto, Karjasilta Library

서가가 한없이 줄지어 있는 오울루 시립도서관의 성인 자료실.
오랜 시간 한 도시에서 서비스를 해온 이 도서관은
잘 관리된 84만여 점이나 되는 장서들을 오롯이 품고 있다.

고대 무역이 성행했던 보트니아만에 있는 오울루는 핀란드에서 네 번째로 규모가 큰 도시이다. 1776년부터 오울루주의 주도^{州都}였고, 현재 20만여 명이 거주하며 유능한 인재와 적극적인 개발 덕분에 다양한 비즈니스가 활발하게 이뤄지는 경제력 있는 도시로 알려져 있다.

오울루 시립도서관^{Oulu City Library}은 핀란드의 지역 중앙도서관이 어떤 시간을 거쳐왔으며 어떻게 유지되고 있는지 살펴보기에 좋은 사례가 될 만한 곳이다. 이 도서관은 1877년에 건립된 150년에 가까운 역사를 자랑하는 곳으로, 처음에는 헤이네토리 시민 학교에서 '시민의 도서관 및 열람실'이라는 이름으로 운영되었다. 이후 1910년에 지역 유지의 기증으로 도서관 건물을 갖게 되는데, 안타깝게도 1929년 화재로 소실되어서 다시 건물을 구해야만 했다.

소련·핀란드 전쟁 때 핀란드의 영토였던 비보르크가 러시아의 영토로 편입되면서 1947년 비보르크 도서관^{Vyborg Library}이 저작권을 보유한 자료들이 핀란드의 의회 도서관과 오울루 시립도서관으로 이전됐다. 그러면서 오울루 시립도서관은 경제·사회·역사와 관련한 다양한 문헌들을 이용자들에게 무료로 제공할 수 있게 되었다. 1960년 12월 이 자료들이 오울루 대학도서관으로 이전되기 전까지 서비스는 계속되었다. 도서관은 한동안 북부 오스트로보트니아 박물관Northern Ostrobothnia Museum 건물에 있다가 1982년 1월 현재의 자리로 이전, 건립되었다. 핀란드의 부부 건축가 마리아타 야티넨Marjatta Jaatinen과 마르티 야티넨Martti Jaatinen이 설계한 건물이다.

오울루 시립도서관의 자료들은 오울루의 8개 지역 도서관들을 통합해 만든 오우티 시스템OUTI System에 의해 관리된다. 헬싱키 지역 도서관들이 헬메트 네트워크로 통합되어 있는 것과 같은 식이다. 오울루의 도서관들은 2012년에 만들어진 오우티 시스템으로 이용자 정보, 도서 목록, 각종 데이터베이스 등을 공유한다. 오우티 시스템의 온라인 라이브러리에 접속하면, 소속 도서관뿐만 아니라 뷔스트룀 청소년 서비스, 오울루 영화 센터, 오울루 만화 센터의 자료들도 검색할 수 있다.

일반 자료의 경우 1인당 대출은 최대 100점, 예약은 최대 50점까지 가능하며, 대출 기간은 28일이다. 콘솔 게임은 최대 2개까지 대출할 수 있으며, 대출 기간은 14일이다. 다른 이용자의 예약이 없다면 최대 5번까지 대출을 연장할 수 있다. 자료를 연체하면 수수료를 내야 하는데, 어린이와 청소년 자료에 대해서는 연체 수수료를 물지 않는 점이 흥미롭다.

오우티 시스템에서 검색되지 않는 자료, 즉 소속 도서관들이 보유하지 않은 자료의 경우, 이용자가 신청하면 핀란드 전역을 비롯

◆

오울루 시립도서관의 외관. 핀란드의 부부 건축가 마리아타 야티넨과 마르티 야티넨이 설계한 건물로 1982년에 완공되었다. 푸른 하늘과 초록빛 나무가 외벽 유리창에 어른거린다. 건물 앞에 늘어선 자전거의 행렬을 보면, 이 도서관이 지역 주민들의 사랑을 받고 있음을 미루어 짐작할 수 있다.

해 해외에서까지 공수해준다. 다만 1유로의 배송료가 붙으며, 자료를 발송해주는 도서관에서 이용자에게 별도의 수수료를 청구하는 경우가 있다.

탄탄한 장서를 보유한 핀란드의 지역 중앙도서관

핀란드의 공공도서관들이 대부분 그렇지만, 오울루 시립도서관도 접근성이 매우 좋은 곳에 있다. 사람들이 많이 모여드는 시청 광장 옆에 있는데, 바로 옆에 강이 맞닿아 있어서 전망 또한 뛰어나다. 내가 방문한 날에는 시청 광장에서 플리마켓이 열리고 있었다. 정기적으로 장이 서는 것 같았는데, 소소한 수제품부터 의류, 가구, 생선류 등 온갖 다양한 물건들을 팔고 있었다. 가장 인기 있는 곳은 푸드 텐트였고, 개인적으로 흥미로웠던 곳은 달달한 젤리를 파는 곳이었다. 종류와 크기가 다양해서 단것을 그리 좋아하지 않음에도 군침이 돌았다. 물건 파는 이, 흥정 거는 손님, 구경 나온 사람들로 붐비는 시끌벅적한 시청 광장을 지나면 담담하게 강을 마주하고 있는 도서관 건물이 보인다.

오울루 시립도서관은 3층 건물에 면적은 1만 4543제곱미터로 오울루 지역에서 가장 큰 도서관이다. 1층에는 신문과 잡지를 비치해둔 정기간행물실과 카페테리아, 2층에는 성인 자료실과 어린이 및 청소년 자료실, 3층에는 학습 공간인 스터디 홀과 지역 자료를 수집하는 아카이브실, 음악실 등이 있다. 이곳의 소장 장서는 84만

오울루 시립도서관의 어린이 및 청소년 자료실. 아이들이 동화 속에 나올 것만
같은 도서관 안의 또 다른 집에 들어가 자유롭게 뛰놀고 책도 읽을 수 있다.

여 점에 달하며, 연간 대출 건수는 150만여 건에 이른다. 1년 예산
으로 약 800만 유로(한화로 약 112억 원)를 집행하고 있으며, 총 직
원 수는 110명이다.

　오울루 시립도서관의 가장 큰 강점은 역시 장서이다. 장서 수가
많은 것도 눈에 띄지만, 그 많은 장서들을 꾸준히 잘 관리하고 있는
것이 더더욱 눈에 들어온다. 2018년 통계를 보면 신간 자료를 6만
3000여 점 구매했으며(이 중 도서는 5만 5000여 권), 이용률이 높지
않은 자료를 선별해 7만 6000여 점을 폐기했다. 이렇게 일정한 장
서량을 유지함으로써 도서관은 쾌적한 독서 환경을 제공한다.

　장서 가운데서도 특히 신문과 잡지, 그리고 음악 관련 자료들을
전문도서관 못지않게 잘 갖추고 있다. 핀란드의 대형 공공도서관
들이 비슷한 성향을 보이는 것으로 보아, 이는 정기간행물과 음악

217

◆

오울루 시립도서관 1층에 있는 정기간행물실. 이 도서관은 100여 종의 신문과 900종 이상의 잡지를
보유하고 있다. 좌석들을 빙 둘러서 정기간행물 서가가 있고, 사진에서 보이는 오른쪽 서가 뒤쪽에도
좌석이 있어서 창밖을 내다보며 자료를 열람할 수 있다.

을 즐기는 핀란드의 문화가 반영된 것으로 짐작된다. 도서관 3층에는 만화를 집중적으로 갈무리한 코믹 컬렉션이 있는데, 오울루 만화 센터와 협력하여 전시나 행사를 개최하기도 한다.

성인 자료실의 서가를 둘러보면, 높이는 6단으로 한국의 공공도서관과 유사하지만 모든 책장 위에 램프가 달려 있다. 자료실 천장이 상당히 높으니 책장마다 램프를 달아서 장서에 포인트를 준 것이다. 서가 사이의 간격이 넓어서 상당히 쾌적하며, 창밖으로는 커다란 나무들이 보인다. 곳곳을 둘러보면 다채로운 색감 덕분에 이곳이 정말 디자인 강국이라는 생각이 든다. 어린이 및 청소년 자료실의 디자인은 특히 훌륭하다. 아이들은 소파에 누워서 친구들과 이야기 나누기도 하고, 단정히 책상에 앉아 공부를 하기도 한다.

이 도서관의 3층에는 '스터디 홀'이라는 제법 큰 학습실이 있다. 한국의 열람실처럼 책은 없고 책상과 의자만 비치되어 있으며, 주로 학생들이 개인 공부를 한다. 핀란드의 공공도서관에서는 찾아보기 힘든 공간인데, 한국에든 외국에든 이런 공간이 있다는 것은 이용자의 학습 환경을 제공하는 것이 공공도서관의 무시할 수 없는 현실적 기능 중 하나이기 때문일 것이다.

유럽의 공공도서관에 간혹 설치되어 있는 학습실은 규모가 그리 크지 않고, 책상도 빡빡하게 배열되어 있지 않고, 소지품을 넣어두는 사물함도 보기 어렵다. 있다 해도 이는 한국처럼 이용자의 학습 자료를 장기간 보관하기 위한 곳이 아니라 도서관 소장 자료의 분실이나 훼손을 막기 위해 이용자의 물품을 넣어두는 곳이다. 더군

다나 좌석을 예약하는 키오스크 같은 것은 눈 씻고 찾아봐도 없다.

최근 미국 공공도서관에 등장하고 있는 '스터디 룸'은 이름만 봐선 한국 공공도서관의 열람실과 비슷해보이지만 실제로는 다른 성격의 공간이다. 한국의 열람실이 대형 독서실 형태라면, 미국의 스터디 룸은 2인에서 6인 정도가 이용하는 공간이다. 유리 벽으로 내부가 훤히 들여다보이고 테이블 하나에 의자들이 놓여 있으며, 방음 시설을 갖추고 있다. 화이트보드나 TV 스크린이 있는 곳도 있다. 대개 1시간부터 3시간까지 이용 가능하며, 대기자가 없다면 연장해서 쓸 수 있다. 여기에서 말하는 '스터디'란 정답을 학습하고 암기하는 것이 아니다. 도서관이 제공하는 자료와 데이터베이스 등을 통해 필요한 정보를 찾고 다른 이들과의 토론을 하면서 해답을 찾아가는 과정이다. 그러하기에 그 이름만 듣고 한국식 열람실로 오해해선 안 되는 공간이다.

오랜 역사를 품은 공공도서관의 범접할 수 없는 분위기

오울루 시립도서관은 장애인들이 편히 이용할 수 있도록 문턱을 없애온 장애인 친화적 도서관이다. 주차장에는 장애인용 주차 공간이 별도로 마련되어 있으며, 외부 출입문 중 하나는 버튼을 누르면 열리게 되어 있다. 서가의 간격이 넓어서 휠체어를 타고도 편히 움직일 수 있고, 장애인 화장실도 갖추고 있다.

이 외에 도서관은 장애인을 위한 다양한 서비스를 제공한다. '홈

오울루 시립도서관의 성인 자료실. 책장 위에 네모나게 설치되어 있는 것이 아래로 불을 밝혀주는 램프이다. 창밖에는 훌쩍 키 큰 나무들이 뻗어 있다.

서비스Home Service'는 오우티 시스템에 소속된 도서관이라면 모두 무료로 제공하는데, 거동이 불편하거나 질병을 앓는 등의 이유로 도서관을 방문할 수 없는 이용자를 위한 자료 배송 서비스이다. 홈 서비스를 이용하려면 먼저 인터뷰를 해야 하며, 이 인터뷰를 통해 도서관 직원은 이용자의 성향을 파악한다. 그러고서 그에 걸맞은 도서, 오디오북, 음악 CD 등을 선별해 4주에 한 번씩 집으로 보내준다. 또한 시력이 나쁘거나 난독증이 있는 이용자들은 '셀리아 도서관 서비스Celia library Service'를 통해 오디오북을 빌릴 수 있다. 이 서비스를 이용하려면 셀리아 CD 클럽에 등록해야 하며, 도서관 카드로 오디오북 대출이 가능하다.

오울루 시립도서관에서 운영하는 '수화 언어 도서관Sign Language Library'도 상당히 흥미롭다. 이곳에서는 핀란드 청각장애인협회의

221

오울루 시립도서관의 한곳에서 마주친 역대 관장들의 흑백사진. 이 도서관이
이어온 150년 가까운 역사를 미루어 짐작게 하는 사진들이다.

도움을 받아 핀란드에 있는 수화 언어 사용자들의 언어, 역사, 문화
를 수집, 관리한다. 도서관 이용자라면 누구나 별다른 등록 없이 자
료를 살펴볼 수 있다.

　오울루 시립도서관에는 오랜 역사를 품은 공공도서관만이 갖는
특유의 범접할 수 없는 분위기가 있다. 이를테면 지역의 옛 모습이
나 역대 관장들을 찍은 흑백사진이 사무실 벽에 걸려 있는 장면을
만나게 되면, 말없이 한참 동안 그 사진들을 경이롭게 지켜보게 된
다. 오랜 세월 묵묵히 도시를 지켜온 건물들, 그리고 사람들. 건물
은 낡고, 부서졌고, 새로 지어졌다. 그사이에 건물을 지키는 사람들
은 몇 차례 바뀌었지만, 도시는 살아남았고 도서관 서비스는 지속
되어왔다. 150년에 가까운 세월 동안 그래왔듯이 앞으로도 오울루
시립도서관의 서비스는 계속될 것이다.

카리아실타 도서관의 내부. 책장에 책들이 가득한데, 계단을 올라가면 다시 책장이 촘촘히 빙 둘러 있다. 빨간 의자가 공간의 포인트가 되어주고 있다.

꿈같은 작은 도서관, 카리아실타 도서관

이번에는 오울루 지역의 작은 도서관 한 곳을 만나보자. 카리아실타 도서관Karjasilta Library은 오울루 시립도서관에서 만난 사서가 꼭 가보라고 추천해주어서 방문한 곳이다. 오울루 시립도서관에서 1.7 킬로미터 떨어진 곳에 있는 이 도서관은 외관이 멋진 것도 아니고 외부에 도서관을 알려주는 표지판이 크게 붙어 있지 않아서 찾기 힘들었다. 그래서 한 학교에 들어가 위치를 물었는데, 알고 보니 도서관은 이 학교이자 음악교육 시설인 포흐양카르타노 학교 Pohjankartano school 안에 있었다.

카리아실타 도서관은 오래된 건물의 친숙한 외관을 그대로 둔 채 내부만 개조하여 2018년 6월 17일 새롭게 문을 열었다. 소장 장서는 2만 4434점으로 공간 규모가 작은 만큼이나 장서 수도 적은 도서관이다. 하지만 계단으로 올라가는 다락방 구조를 만들어서 작은 공간에 짜임새 있게 장서를 비치했다. 빽빽한 책장들로 둘러 싸인 가운데 산뜻한 컬러의 의자 배치가 돋보인다. 소장 장서의 종류도 상당히 다양하다.

놀라운 것은 이 작은 도서관 내부에 장애인을 위한 리프트가 있고, 한국의 중대형 공공도서관에서도 찾아보기 힘든 도서자동분류기가 있다는 점이다. 그에 더해 진짜 부러웠던 것은 이 작은 도서관에서 6명의 사서가 일한다는 점이었다. 풀타임 사서 2명, 일주일에 이틀은 이곳에서 일하고 나머지는 오울루 시립도서관에서 일하는 사서 1명, 하루에 6시간씩 일하는 보조 사서 3명이 이 도서관을 이끌어간다.

한국이라면 84만 장서를 소장한 대형 도서관인 오울루 시립도서관을 지근거리에 두고 왜 작은 도서관을 리모델링하느라 국가 예산을 허투루 쓰느냐는 비난이 쏟아졌을지 모른다. 한국의 공공도서관과 비교해볼 때, 시설이나 인력이 월등하다. 정말 꿈같은, 한국에서도 만나보고 싶은 작은 도서관이다.

특화된 콘텐츠로
이용자를 끌어들이는
도서관

◆ 탐페레 시립도서관, 메초 Tampereen kaupunginkirjasto, Tampere Main Library Metso

◆ 파실라 도서관 Pasilan Kirjasto, Pasila Library

◆

흰 벽에 강렬한 책장이 선연한 대비를 이룬다.
책장 위에 달린 조명과 아치형 천장에서는 우주적인 신비감도 느껴진다.
이곳은 탐페레 시립도서관의 자료실이다.

탐페레는 핀란드의 수도인 헬싱키에서 북서쪽으로 약 190킬로미터 떨어진, 피르칸마 지역에 있는 도시이다. 헬싱키 이전에 핀란드의 수도였으며, 현재는 핀란드에서 헬싱키와 에스포 다음으로 인구가 많다. 에스포는 헬싱키의 위성도시이니, 탐페레는 사실상 핀란드 제2의 도시이다. 원래는 공업 도시였는데, 최근에는 정보통신 산업의 중심지로 떠오르고 있다.

탐페레 시립도서관Tampere Main Library은 피르칸마 지역의 중앙도서관 역할을 하는 도서관으로 탐페레의 유명한 랜드마크 중 하나인 해멘푸이스토 공원 안에 있다. 향나무, 마가목, 가문비나무 등에 둘러싸여 있으며, 건축 디자인으로도 유명하다. 1979년 탐페레 시립도서관 건축 공모에 출품된 120개 설계 가운데서 핀란드의 부부 건축가 레이마 피에틸래Reima Pietilä와 라일리 피에틸래Raili Pietilä의 설계가 만장일치로 뽑혔다. 하지만 이 건물의 독창성은 전문가들 사이에서 많은 논쟁을 불러일으켰다. 건물의 모양이 괴상하고, 건축비가 많이 소요되며, 건축가의 자기 과시적 작품이라는 이유에서였다.

227

도서관의 중심에는 달팽이 껍질과 같은 나선형 공간이 있다. 레이마 피에틸래는 켈트 문명의 청동 걸쇠, 우주적 상징주의, 1910년대 표현주의 건축의 영감을 받아 이 공간을 설계했다고 한다. 그리고 디자인 과정에서 전체 건물은 대형 조류인 큰들꿩의 형태로 표현되었다. 도서관의 이름인 메초Metso는 숲속에 사는 큰들꿩을 가리키는 핀란드어인데, 핀란드에서 이 검은 새는 강력한 신화적 힘을 가진 동물로 알려져 있다.

1983년에 착공하고 1986년에 완성한 탐페레 시립도서관은 연면적 6770제곱미터에 3층짜리 건물이다. 외장재로는 화강암과 구리를 주로 사용했으며, 인테리어는 핀란드의 자연 색상인 흰색, 파란색, 녹색을 바탕으로 이루어졌다. 지하에는 대형 강의실과 전시실이 있고, 1층에는 성인 자료실, 어린이실, 청소년실, 참고 자료실, 상호대차 서비스, 지역 자료 컬렉션이 있으며, 중이층中二層에는 회의실, 음악실, 카페가 있다. 모든 가구들은 도서관을 위해 특별 제작되었다. 도서관 내부를 둘러보다 보면 흡사 미지의 숲을 탐험하는 기분이 들며, 건물 곳곳에 건축가가 전달하려는 메시지가 숨어 있는 듯 보인다. 마치 도서관의 자료들이 인간의 문화에 대한 메시지를 전달하는 것처럼 말이다.

탐페레 시립도서관은 건축 30주년을 맞아 라세 코수넨 아키텍츠Lasse Kosunen Architects의 리모델링을 거쳐 2017년 재개관했다. 변화의 방향은 시대의 흐름에 걸맞게 배우고, 사람들을 만나고, 영감을 주고, 공연을 즐기는 장으로 도서관을 만드는 것이었다. 리모델링을

공중에서 바라본 탐페레 시립도서관. 주변을 나무들이 둘러싸고 있으며, 건물은 큰들꿩의 형태로 디자인되었는데 마치 새가 방패를 든 것처럼 보인다. 이 도서관의 이름인 '메초'는 핀란드어로 숲속에 사는 큰들꿩을 가리키며, 강력한 신화적 힘을 가진 동물로 알려져 있다. ⓒ Pasilan Kirjasto

탐페레 시립도서관의 나선형 공간. 돔 형태의 천장 가운데에는 투명 창이 있어서 하늘을 볼 수 있고, 그 아래로 각 층을 이어주는 나선형 통로가 있다.

주도한 피르코 린드베르그^{Pirkko Lindberg} 관장은 이렇게 말했다. "현대의 도서관은 책이 아닌 사람을 위한 곳입니다." 그렇다면 이곳 탐페레의 사람을 위한 도서관은 과연 어떤 모습일까.

음악을 사랑하는 나라의 도서관이란 이런 것이다

핀란드는 아름다운 자연을 자랑하는 나라이다. 하지만 겨울 왕국이라 불릴 만큼 이곳의 겨울은 길고 춥다. 추운 것보다 견디기 힘든 것은 해가 일찍 진다는 점이다. 겨울에는 오후 2~3시가 되면 어둑어둑해지고, 낮에도 하늘이 회색빛을 띤 채 잔뜩 구름을 머금고 있다. 그런 날씨 때문인지 핀란드 사람들은 말이 없고 표정 변화도 없다. 무료하고 지루한 겨울, 핀란드인들은 도서관에 간다. 책을 읽

탐페레 시립도서관의 프레스룸. 정기간행물을 살펴볼 수 있는 곳인데, 141종의 신문과 1647종의 잡지가 비치되어 있다.

기 위해서이기도 하지만, 도서관에는 구경거리가 많고 할 수 있는 일도 다양하기 때문이다.

그중 핀란드인들이 가장 즐겨하는 것은 음악 활동이다. 이들에게 음악은 커피와 같다. 누구나 좋아하고 어디에나 있다. 핀란드는 음악으로 가득하고, 핀란드인의 삶에서 음악은 그만큼 중요하다. 사람들은 도서관에서 음악 관련 책과 잡지를 읽고, 앨범을 듣고, 모여서 악기를 연주하거나 노래를 부르기도 한다.

탐페레 시립도서관은 많은 음악 관련 자료를 보유하고 있다. 인쇄물 3만 4000여 점, 레코드 8만 7000여 점, 비디오 700여 점, CD 900여 점, DVD와 블루레이 4만 900여 점, 기타 미디어 자료 1만 8000여 점뿐만 아니라 어쿠스틱 기타, 전기기타, 베이스 기타, 드럼 세트, 신시사이저, 우쿨렐레, 젬베 등의 악기도 보유하고 있다.

231

탐페레 시립도서관은 음악과 관련해 다양한 서비스하고 있다. 스튜디오에서는 음악 연주와 녹음을 할 수 있고(위), 음악 관련 서가에서 헤드폰을 끼고 디지털 피아노를 연주할 수도 있으며(중간), 사서 데스크 뒤편에는 각종 대여용 악기들이 전시되어 있다(아래).

2018년을 기준으로 이 도서관의 소장 자료는 101만여 점이고 한 해 동안 구입한 신간 자료는 5만 4000여 점인데, 신간 자료 중 음악 도서는 1028권, 레코드는 3787점, 비디오는 2710점이다.

악기와 장비로 가득한 스튜디오는 녹음 설비까지 갖추고 있는데, 도서관 회원이면 누구나 무료로 1시간에서 6시간까지 매주 두 번 이용할 수 있다. 장비 수리, 유지, 보수 비용은 도서관 운영비로 충당한다. 처음 스튜디오를 오픈했을 때는 전문 직원이 장비에 대한 교육을 비롯해 각종 서비스를 제공했지만 이제는 셀프서비스로 운영하고 있으며, 스튜디오에 대한 수요는 지속적으로 증가하고 있다. 음악을 연주한 뒤 녹음하려는 이들도 있고, 팟캐스트를 녹음하기 위해 찾는 이들도 있고, 지역 뮤지션들 역시 스튜디오를 예약한다.

탐페레 시립도서관은 음악과 관련해 야심찬 행사를 기획하기도 한다. 2012년 시작된 '메초 라이브'는 사람, 라이브 음악, 도서관 콘텐츠, 소셜 미디어를 결합해 만든 신개념 행사로, 음악가가 진행을 맡은 사서와 책, 음악, 영화 등에 대한 이야기를 나누고 관련 공연을 펼치는 것이다. 이때 언급된 자료들은 사람들이 살펴볼 수 있도록 행사 기간 동안 도서관에 전시해둔다. 2018년에 열린 메초 라이브 관련 자료를 살펴보니 포크, 재즈, 블루스와 같은 다양한 장르의 가수, 작곡가, 연주자 등을 초청해 행사를 진행했다. 이 행사의 또 하나의 특징은 행사 전에 도서관이 소셜 미디어를 통해 행사에서 소개할 책, 음악, 영화 등을 미리 이용자와 공유하는 것이다. 메초 라이브는 이전에는 볼 수 없었던 아이디어와 도전으로 대중들의 호평을 받았으며, 2015년 핀란드 교육문화부에서 올해의 도서관 혁신가 상을 받기도 했다.

한편 탐페레 시립도서관은 피르칸마 지역의 22개 공공도서관과 함께 피키 라이브러리PIKI Library로 통합되어 있다. 헬싱키 지역의 도서관들이 헬메트 네트워크로, 오울루 지역의 도서관들이 오우티 시스템으로 묶여 있는 것과 같은 식이다. 이 지역 공공도서관들은 피키 라이브러리를 통해 정보를 공유하고, 지역 주민들은 피키 라이브러리 소속 도서관의 장서와 서비스를 마음껏 이용할 수 있다.

탐페레의 인구는 23만여 명인데, 이 가운데 약 40퍼센트의 주민이 도서관 회원이다. 그리고 2019년 탐페레 시립도서관의 방문 횟수는 290만여 건에 이른다. 이는 2005년 이후 가장 높은 수치로, 전년 대비 6.8퍼센트가 늘어난 것이다. 자료 대출 역시 전년과 비교해볼 때 0.5퍼센트 증가해 490만여 건 이용되었다. 탐페레 시립도서관은 수년간 특히 어린이와 청소년의 독서를 전략적으로 지원하고 있다. 이런 노력에 힘입어 2019년 이들의 자료 대출은 전년 대비 4.1퍼센트가 증가했다. 이는 도서관 전체 대출의 37.1퍼센트에 달한다. 전자책 수요도 늘어나서, 2019년 피키 라이브러리의 전자책 대출이 53퍼센트 증가했고, 이는 전체 대출에서 1.5퍼센트를 차지한다. 많은 도서관들이 이용자 수와 대출 건수에서 완만한 하락세를 보이는 데 반해 탐페레 시립도서관이 상승세를 보이고 있는 점은 주목할 만하다.

◆

탐페레 시립도서관 2층에 있는 음악 자료실. 인테리어의 형태. 색감. 조명 등에서 마치 우주선 속에 있는 듯한 흥미진진하면서도 신비로운 분위기가 느껴진다. 이 도서관의 가구들은 모두 도서관만을 위해 특별 제작되었다.

탐페레 시립도서관이 음악을 자신의 콘텐츠로 잘 소화해낸 곳이라면, 이번에 소개할 도서관은 좀 더 전문적인 자료를 특화해낸 곳이다. 헬싱키 중앙역에서 트램을 타면 10분 만에 갈 수 있는 파실라는 헬싱키의 위성도시로 인구가 채 1만 명이 안 되는 곳이다. 하지만 이곳에 있는 파실라 도서관Pasila Library은 이런 적은 인구에 큰 의미를 부여하지 않는다. 왜냐하면 핀란드 각지에서 수많은 사람들이 이곳을 찾아오기 때문이다. 왜 사람들은 굳이 이 작은 소도시의 공공도서관을 찾는 것일까?

1986년에 개관한 파실라 도서관은 오디의 건립 전까지 헬싱키 지역의 중앙도서관 역할을 해온 공공도서관인데, 국제 관계와 음악 관련 자료를 제공하는 주제 특화 도서관이기도 하다. 또한 다국어 자료들을 다수 보유하고 있으며, 지하의 보존서고에는 일반 도서관에서 찾아보기 힘든 귀한 자료들이 많이 있다. 이러한 자료들을 보기 위해 사람들이 이 도서관을 찾는 것이다.

파실라 도서관의 건물 면적은 7724제곱미터이고, 개방형 서가에 소장된 장서는 20만여 점으로 헬싱키의 다른 분관도서관에 비해 많은 편이다. 그런데 해마다 폐기하는 도서가 상당하고 장서가 이 도서관에서 저 도서관으로 유동적으로 움직이는 경우가 많아서 2019년 5월부터는 소장 장서 수를 산정하지 않기로 했다고 한다. 또한 파실라 도서관은 600종 이상의 정기간행물과 70여 종의 신문

파실라 도서관의 단단해보이는 외관. 1만 명도 안 되는 인구가 거주하는 이 작은 도시의 도서관으로 핀란드 각지에서 사람들이 찾아와 자료를 살펴본다.

을 비치해두고 있다. 이들 가운데 100여 종의 정기간행물은 대출이 가능하며, 오래된 자료들은 마이크로필름이나 묶음 상태로 보관된다. 1인당 도서 40권을 비롯해서 각종 자료를 총 100점까지 빌릴 수 있으며, 게임 콘솔, 기타, 우쿨렐레, 축구공, 스케이트화 같은 물품도 대출 가능하다.

한편 이 도서관의 보존서고에는 헬싱키를 비롯해 인근 에스포, 카우니아이넨, 반타 지역 도서관들이 보유한 자료가 20만여 점, 정기간행물이 900종 이상 보관되어 있다. 이들 자료는 대부분 매진되고 절판되어서 다른 데서 구하기 어려운 귀한 것들이다. 핀란드어로 쓴 책들이 주를 이루지만 다른 언어로 된 자료들도 상당수 있다. 도서관은 일주일에 단 하루만 보존서고를 이용자에게 개방한다. 하지만 자료들은 언제든 열람 가능하며, 몇몇 정기간행물과 일

237

파실라 도서관의 자료실. 내부의 색조가 흰색이어서 공간이 한층 넓어 보이고, 원목으로 된 서가들이 나란히 놓여 있다. 나무 색과 흰색으로 된 책상과 의자는 공간과 자연스럽게 어우러지고, 조명은 흰색으로 컬러를 맞추되 금속성 재질로 제작해서 모던한 분위기가 느껴진다.

부 귀중 서적을 제외하고는 대출도 할 수 있다.

헬싱키 시를 비롯한 수도권 관련 자료를 모은 헬싱키 컬렉션도 눈여겨볼 만하다. 고서부터 최신 서적까지, 헬싱키 각 지역의 역사, 지도, 설문 조사 자료 등을 포함해 1만 3000여 점의 자료를 소장하고 있다. 이들 자료는 대출은 되지 않고 관내에서만 이용 가능하다.

도서관 1층에 있는 다국어 도서실도 찬찬히 살펴볼 만한 곳이다. 이곳에서는 핀란드에 거주하는 이주민 또는 외국인들이 모국어로 된 도서를 읽을 수 있으며, 핀란드어를 배우는 이민자들을 지원하고 현지 문화에 대한 정보도 제공한다. 80개 이상의 언어로 된 다국어 컬렉션을 보유하고 있으며, 핀란드 전역의 도서관에서 외국어 자료를 대여해 이용자에게 서비스하기도 한다. 다국어 컬렉션 자료들은 대부분 도서지만 음악 CD, 영화 DVD, 잡지도 포함되어 있다. 또한 어린이, 청소년, 성인을 위한 자료를 모두 갖추고 있는데, 어린이 섹션에 좋은 자료들이 꽤 많다. 외국어를 구사하는 아이들은 즐거이 이곳의 자료들을 볼 수 있을 것이다. 자료실 한쪽에서는 한국어, 일본어, 중국어 자료도 찾아볼 수 있다.

다국어 컬렉션 자료들은 헬싱키 지역 도서관들이 소속된 헬메트 네트워크의 목록을 검색해 확인해볼 수 있다. 언어 메뉴가 별도로 있어서 이용자가 언어를 선택하면 그 언어로 검색이 가능하다. 검색이 어렵다면 외국어에 능통한 전문 사서의 도움을 받을 수도 있다. 다국어 도서실은 그 취지에 걸맞게 핀란드어, 스웨덴어, 영어, 아랍어, 폴란드어, 알바이나어, 터키어, 페르시아어, 쿠르드어, 벵골

파실라 도서관의 시집 코너. 단정한 서가와 함께 검정색 의자와 노란색 탁자가 특색 있는 분위기를 연출하고 있다. 시에 어울리는 단아한 공간이다.

어, 중국어, 베트남어, 태국어, 네팔어, 소말리아어 등 17개 언어로 팸플릿을 제공하고 있다.

　도서관에는 근무하는 직원도 제법 많은데, 안내 데스크에서 이용자를 직접 대면하며 정보를 제공하는 참고봉사 사서만 40여 명이다. 항키타Hankita라고 불리는 장서 구매 사서도 20명이나 된다. 파실라 도서관에서 12년째 근무하고 있는 레퍼런스 사서 데크 구르한은 이 도서관이 전 세계에서 자료를 수집하기 때문에 장서 구매 사서가 많을 수밖에 없다고 했다. 또한 장서 구매 담당이 아니더라도 다양한 언어를 구사하는 사서들이 많은데, 자신만 하더라도 핀란드어, 영어, 스웨덴어, 아랍어, 스와힐리어를 할 수 있다고 자랑했다.

　그런데 그가 들려준 여러 이야기 가운데 가장 흥미로웠던 것은,

핀란드에서 경찰서, 은행, 도서관, 학교, 병원을 마을 건립의 기본 요소로 본다는 점이었다. 도서관을 마을의 가장 기초적인 시설로 본다는 것, 게다가 학교보다 도서관을 먼저 짓는다는 사실은 상당히 놀라웠다. 이런 사회적 합의가 핀란드를 최고의 도서관 국가로 만든 토대가 아닐까.

5장

도서관의 현재를 살피고
미래를 그려보다

일본

◆

독서 강국 일본의 공공도서관들을 둘러보면,

크고 작게 시도하는 촘촘한 서비스와 높은 이용률을 비롯하여

일본 특유의 아기자기하고 섬세한 디자인에 이르기까지

그 저력이 살아 있음을 알 수 있다.

그러나 이 사회에서 감지되는 변화의 흐름은

도서관에 대한 새로운 문제들에 대해서도 생각해보게 한다.

이러한 문제의식을 품고 일본의 도서관들을 살펴보자.

독서 강국의
공공도서관,
아직은 건재하다

◆ 우라야스 시립도서관 浦安市立中央図書館, Urayasu City Central Library

◆ 세키마치 도서관 練馬区立関町図書館, Nerima City Sekimachi Library

◆

우라야스 시립도서관의 창가 쪽 서가.
블라인드로 햇볕을 살짝 가린 창문 너머로 공원이 내다보이고,
바깥 풍경을 보는 데 방해가 되지 않을 만큼 낮은 2단 책장이 놓여 있다.

일본 치바현의 우라야스는 한적한 어촌 마을이었는데, 1980년대부터 도쿄의 신도시로 개발되면서 아파트 건설이 잇따르고 꾸준히 인구가 늘어난 곳이다. 디즈니 리조트가 있어 잘 알려져 있고, 현재 17만 여 명의 주민이 거주하고 있다.

우라야스 시는 신도시가 들어서면서 새로운 도서관 건립 계획을 수립했는데, 이때 지역 주민들은 '이런 도서관을 바라는 모임'이라는 시민 단체를 만들어서 어린아이부터 노인까지 자유롭게 이용할 수 있는 주민 중심의 도서관 건립을 요구하고 나섰다. 이런 흐름에 부응하며 등장한 이가 다케우치 노리요시^{竹内紀吉} 초대 관장이다. 그는 우라야스 시립도서관(공식 명칭은 우라야스 시립 중앙도서관^{浦安市立中央図書館})을 중심에 두고 주민들이 걸어서 10분 안에 갈 수 있는 장서 4~5만 권 규모의 7개 분관도서관과 이동도서관을 배치하는 도서관 네트워크를 구현했다. 또한 상호대차 서비스, 시각장애인을 위한 낭독 서비스, 도서관에 들르지 못하는 이들에게 책을 배달해주는 아웃리치 서비스 등을 실시하면서 우라야스를 '도서관 천국'으로 만들었다.

우라야스 시립도서관에 있는 도서관의 역사를 소개하는 전시물. 빼곡히 정리된 자료들을 들여다보면 그간 이 도서관이 어떻게 운영되어왔는지 여실히 알 수 있다.

　우라야스가 도서관의 도시라는 점은 소장 장서 수를 통해서도 알 수 있다. 2017년 통계를 보면, 우라야스 시는 우라야스 시립도서관의 장서 75만 5000여 권을 포함하여 총 110만 8000여 권의 장서를 보유하고 있다. 이는 주민 1인당 7권이 넘는 수치이다. 한 해동안 시립도서관은 2만 5500여 권, 시 전체로는 5만 3800여 권의 장서를 구매했으며, 도서 이용률이 높은 만큼 폐기되는 도서도 많아서 6만 7000여 권의 장서를 폐기했다. 연간 대출 건수는 1인당 11.5건, 우라야스 시립도서관의 한 해 예산은 6억 4481만 엔(한화로 약 72억 800만 원)에 달하는 등 비슷한 규모의 일본 공공도서관과 비교해보더라도 상당히 높은 수치이다.

　『미래를 만드는 도서관』의 저자 스가야 아키코菅谷明子는 우라야스 시립도서관이 일본에서 가장 충실한 서비스를 펼치는 공공도서관으로 알려져 있다면서, 이 도서관의 토코요다 료常世田良 관장에

우라야스 시립도서관의 성인 열람실. 오래된 도서관이지만 단정하게 정리되어 있고, 반질 반질하게 윤이 나는 나무 바닥에서는 도서관을 가꿔온 사람들의 정성이 느껴지는 듯하다.

게 물었다. "왜 다른 곳에서는 불가능한 서비스가 이곳에서는 가능한가요?" 그의 답은 이러했다. "도서관에서 중요한 것은 사람, 예산, 자료입니다. 그중에서 사람이 가장 중요한데, 우리 도서관은 직원 대부분이 사서 자격증을 가진 전국에서 보기 드문 곳입니다. 도서관이 정보 내비게이터의 역할을 해야 한다는 요구가 강해지고 있는 만큼 전문가로서의 사서 교육이 강화될 필요가 있습니다." 좋은 도서관의 핵심을 꿰뚫는 토코요다 료 관장의 답변이다.

일본 도서관계의 교과서, 우라야스 시립도서관

1983년 개관한 우라야스 시립도서관은 연면적 5296제곱미터 규모로 정규직 33명, 비정규직 73명 등 총 106명의 직원이 근무하고 있다. 개관한 지 오래된 도서관인지라 노후한 시설을 보강하고 시

◆

❶ 레퍼런스실에서는 이용자가 문의한 정보를 제공하는 서비스를 비롯해 지역 및 행정 자료, 비즈니스 정보, 정기간행물 서비스도 함께하고 있다.

❷ 어린이실의 책 진열 서가. 한쪽에는 크리스마스트리가 놓여 있고, 알록달록하게 꾸며둔 진열 서가에서도 연말 분위기가 물씬 풍긴다.

❸ 도서관 한편에 CD와 DVD를 별도로 비치해두었는데, 군더더기 없는 깔끔한 진열대에 자료들이 빼곡히 꽂혀 있다.

민들의 새로운 요구에 부응하기 위해 2018년 12월에 리모델링을 단행했다. 나는 리모델링 직전에 이곳을 방문했는데, 2020년 3월 공사가 완료되어서 지금은 더욱 산뜻해진 모습으로 이용자를 맞이하고 있다.

우라야스 시립도서관은 공공도서관임에도 별도의 레퍼런스실이 마련되어 있다. 이곳에서는 레퍼런스 사서가 이용자의 조사와 연구, 문제 해결에 필요한 자료와 정보를 제공한다. 좀 더 구체적으로는 이용자가 원하는 자료와 정보 안내, 우라야스 시립도서관에 없는 자료를 보유한 도서관 조사, 전문 자료를 보유한 정보기관 소개, 유료 데이터베이스에 있는 정보 제공 등의 서비스를 한다. 이용자는 1인당 5개까지 질문할 수 있으며, 응답 시간은 30분을 기준으로 삼되 1시간을 초과하지 않는 게 이곳의 원칙이다. 또한 이용자의 조사와 연구 대행, 학교 과제 및 논문 등의 해답 제시, 개인 프라이버시가 결부된 문의 등에는 응하지 않는다.

도서관 홈페이지를 통한 E-레퍼런스 서비스도 제공하는데, 이용자가 홈페이지에서 로그인한 뒤 온라인열람목록OPAC의 마이 페이지에 질문하면 레퍼런스 사서가 조사 결과를 이메일로 보내준다. 질문 내용을 정확히 확인하기 위해 사서가 전화나 이메일로 연락하기도 하며, 자료의 사본은 저작권법에 준해 팩스나 이메일로는 제공할 수 없다. 또한 자료 예약, 대출 기간 연장, 희망자료 신청, 도서관 서비스에 대한 의견이나 요청과 같은 일반 서비스는 E-레퍼런스 서비스로 받지 않는다.

이와 같은 레퍼런스 서비스의 실례를 볼 수 있는 방법이 있다. 레퍼런스실에서 작성해 제공하는 패스파인더pathfinder를 살펴보는 것이다. 패스파인더는 특정 주제에 대한 연구를 시작할 때 이에 대한 길잡이가 될 만한 자료를 말한다. 레퍼런스실에서 만든 패스파인더의 제목만 살펴보면, '우라야스의 역사' '우라야스의 경제와 금융 기초' '애완동물과 공생하는 지역 사회' '일상적인 진료, 건강 문제를 생각해보자' '우리 주변의 생활환경을 관찰하다' 등이 있다. 이들 자료는 홈페이지에서 확인해볼 수 있다.

내가 둘러본 우라야스 시립도서관은 40여 년의 시간을 거쳐온 도서관이지만 여전히 반짝반짝 빛나고 이용자들로 가득한 활기 넘치는 곳이었다. 차곡차곡 장서가 쌓여 있는 서가든, 옹기종기 아이들이 모여 있는 어린이실이든, 그 어느 곳을 들여다보든 간에 직원들의 손길이 깃들어 있고 이용자들이 매만진 손때가 있어 이들의 도서관에 대한 애정이 느껴졌다.

그러나 무엇보다도 내 마음을 움직인 것은, 자료실 벽에 무심하게 걸린 액자에 있던 「우라야스 시립 중앙도서관의 목표」라는 글이었다. 발길을 멈춘 뒤 몇 번을 반복해서 읽고도 한참을 선 채로 생각에 잠기게 했다. 2003년 7월, 개관 20주년을 기념해서 도서관 직원들이 정리한 그 글은 우라야스 시립도서관 직원들의 마음가짐, 이용자를 대하는 태도, 도서관의 가치를 굳게 믿는 사서로서의 신념과 업무 자세에 대한 다짐을 담고 있었다. 다소 긴 글이지만 아래에 전문을 옮겨본다.

우리야스 시립도서관 어린이실의 창가. 책들을 전시해두었는데, 아기자기
한 눈사람 인형에서 소소하게 마음을 쓴 흔적이 엿보인다.

도서관에서 일하는 우리는 책을 읽는 것, 정보를 얻는 것이 인생을
살아가는 데 있어 사람들에게 큰 힘이 된다고 믿습니다. 우리는 '읽
고 싶다' '알고 싶다'라는 희망에 대해, 그 희망이 아무리 작다 해도
이를 겸허히 받아들이고자 합니다. 또한 지금까지 쌓아온 전문적 경
험을 살려 그러한 희망을 실현하는 데 필요한 도움을 아끼지 않겠습
니다. 우리는 사회의 동향을 민감하게 살피면서 한 사람이라도 더 많
은 시민이 '읽고 아는 것'을 누릴 수 있는 환경을 만들기 위해 최선의
노력을 다할 것을 다짐합니다. 우리는 시민들이 무언가를 알게 되는
기쁨을 우리의 기쁨으로 여기고, 도서관 업무에 자부심을 가지면서
활기차게 일하는 사서가 되고자 합니다.

우연이 데려다준 마을 도서관, 세키마치 도서관

이번에는 일본의 또 다른 동네 도서관을 한번 만나보자. 세키마치 도서관(공식 명칭은 네리마 구립 세키마치 도서관練馬区立関町図書館)에 가게 된 것은 우연이었다. 원래 나는 지인이 추천해준 도서관을 가려고 했는데, 도착해보니 그곳은 엉뚱한 곳이었다. 주소를 잘못 알고 찾아간 것이었다. 아뿔싸, 오후 5시가 막 지났을 뿐인데, 도쿄의 겨울 해는 짧은지라 금세 날이 어두워지고 있었다. 포기하고 숙소로 돌아가야 하나 망설이던 참에, 전능하신 구글 신의 마법 지도가 손 안에 있다는 생각이 퍼뜩 떠올랐다.

구글 지도를 펼쳐놓고 검색창에 도서관을 적어 넣었더니 순식간에 빨간 사인들이 떠올랐다. 어디를 가야 하나 고민하다가 가까운 공공도서관에 가보기로 했다. 멋진 건물이나 참신한 서비스로 소문난 도서관이 아닌, 그저 내가 있는 곳에서 가장 가까운 동네 도서관에 가보기로 한 것이다. 그렇게 찾아가게 된 곳이 주택가 한가운데 있는 세키마치 도서관이었다.

이 도서관은 1982년 9월에 개관했으며, 도쿄의 북서쪽 가장자리에 있는 네리마 구에 있다. 73만 5000여 명이 거주하는, 공원이 많은 주택 지역이다. 네리마 구에는 13개의 도서관이 있는데, 세키마치 도서관은 그중 하나다. 네리마 구의 다른 도서관들과 비교해보면, 면적은 1533제곱미터로 일곱 번째, 소장 장서는 13만 9400여 점으로 여덟 번째, 대출 건수는 46만 4600여 건으로 여덟 번째이

도서관 입구의 소독기 앞에서 한 아이가 책 소독이 끝나기를 기다리고 있다. 무릎을 꿇고 앉아 있는 아이 모습이 꽤나 간절해 보인다.

다. 즉 세키마치 도서관은 네리마 구에서 중간쯤 되는 보통의 도서관이다. 나무에 둘러싸인 조용한 분위기로 누구나 부담 없이 이용 가능한 "마음 통하는 즐거운 도서관"이 되는 것을 목표로 삼고 있다.

이 도서관을 들어서면서 가장 먼저 만난 것은 일본도서관협회가 1954년에 채택하고 1979년에 개정한 「도서관의 지적 자유에 대한 선언문」이었다. 이 선언문에서는 도서관을 기본적 인권 가운데 하나로 상정하면서, 무언가를 알 자유를 가진 시민들에게 도서관이 자료와 시설을 제공해야 하고 이 임무를 완수하기 위해 다음과 같은 것들을 실천해야 한다고 명시하고 있다.

255

첫째, 도서관은 자료 수집의 자유를 갖는다.

둘째, 도서관은 자료 제공의 자유를 갖는다.

셋째, 도서관은 이용자의 비밀을 지킨다.

넷째, 도서관은 모든 검열에 반대한다.

이러한 것들이 침해될 때 도서관은 단결해서 끝까지 자유를 지킨다.

이 비장하고 엄숙한 선언문을 다 읽고 나니, 나도 모르게 옷매무새를 가다듬고 자못 경건한 자세가 되었다.

그렇게 도서관 안으로 들어왔는데, '누구나 사용할 수 있는 화장실誰れでもトイレ'이라는 독특한 표지가 눈에 들어왔다. 이곳은 고령자, 휠체어 이용자, 유아 동반자, 짐이 많은 이용자를 비롯해 인공항문이나 인공 방광을 쓰는 장루설치 환자까지 남녀노소 모두가 편히 쓸 수 있는 화장실이다. 화장실 문은 손잡이를 붙잡고 돌려서 여는 것이 아니라 가볍게 밀어도 쉽게 열리게 되어 있다. 유니버설 디자인 개념을 도입했으며, 널찍한 내부에는 접이식 시트, 간이 난간뿐만 아니라 오물 수채와 온수 시설 등도 갖추었다. 일반적인 남녀 화장실은 옆에 별도로 마련되어 있다. 도서관 이용자에 대한 섬세한 고민을 엿볼 수 있는 시설이다.

이어지는 이달의 전시 코너에서는 '첫눈에 반한 책'이라는 주제로 책들을 진열해두고 있었다. 표지가 인상적인 책들을 모았는데, 부디 손에 들고 읽어봐달라면서 소중한 책과의 만남에 도움이 되었으면 좋겠다는 사서의 말이 적혀 있었다. 즉 이곳에 진열된 책들

세키마치 도서관 입구에 있는, 누구나 사용할 수 있는 화장실. 그 옆에 일반적인 남녀 화장실이 별도로 마련되어 있다(위). 내부는 성별, 연령, 문화적 배경, 장애 유무와 상관없이 누구나 손쉽게 쓸 수 있는 유니버설 디자인으로 각종 시설을 갖추었다(아래).

이달의 전시로 '첫눈에 반한 책'들이 전시되어 있다. 표지가 인상적인 책을 모았는데, 이를 잘 읽어봐달라는 사서의 간곡한 메시지도 붙어 있다.

은 표지만을 기준으로 선정한 것인데, 꽃, 핑크색, 일러스트 등을 선호하는 일본인의 취향이 느껴졌다. 물론 전시된 책은 대출 가능하다.

자료실에서 인상적으로 본 부분은 어린이실의 자료 분류법이었다. 한국 공공도서관의 어린이 자료 분류는 대개 성인 자료의 분류법과 동일하다. 한국십진분류법KDC을 적용하는데, 이것이 어린이 자료 분류에 유용한가 생각해보면 개인적으로는 회의적이다. 세키마치 도서관의 어린이 자료 분류법이 완벽하다고 할 순 없겠지만, 그럼에도 이는 아이들의 눈높이에 맞춰보려는 새로운 시도로 보였다. 특히 동화책과 그림책의 분류를 단순하게 해서 어린이들이

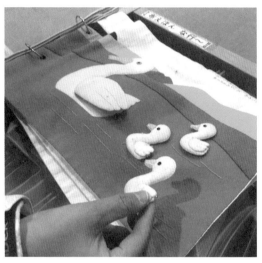

세상에 단 한 권밖에 없는, 마음을 담아 만든 천 그림책. 책 속에 있는 것들을 떼었다 붙였다 하면서 아이에게 이야기를 들려줄 수 있다.

쉽게 책을 찾을 수 있도록 한 점이 눈에 들어왔다. 그림책 분류를 살펴보면, EB는 일본 그림책, EG는 지식 그림책, EO는 옛날이야기 그림책, EP와 ER은 외국어 그림책이다. EP는 화가의 이름을 가타카나 순서대로, ER은 화가의 이름을 알파벳 순서대로 정렬해두었다.

또 하나, 세키마치 도서관 어린이실이 지역 주민들에게 선사하는 아주 특별한 자료에 눈길이 갔다. 세상에 단 한 권밖에 없는 천 그림책布の絵本으로, 한 권 한 권 마음을 담아 만들었으니 소중히 다뤄달라는 당부가 책 앞에 적혀 있다. 책장을 넘기다 보면, 이 책을 만든 사람은 알 수 없지만 아이들을 사랑하는 그의 마음과 정성이

259

고스란히 느껴진다. 이 책을 읽어주는 사람에게도, 이야기를 듣는 아이에게도 그 마음과 정성이 그대로 전달될 것만 같다. 그런 책들을 여럿 살펴보다 보니 나도 모르게 온정이 느껴져서 마음이 녹녹해졌다.

　세키마치 도서관을 지역 주민을 대상으로 서비스하는 동네 도서관이라고 만만히 봐선 안 된다. 이곳에서는 우라야스 시립도서관과 마찬가지로 이용자가 요청하는 자료와 정보를 찾아주는 레퍼런스 서비스를 제공한다. 도서관 안내 데스크에 신청하면 되고, 전화나 홈페이지를 통해서도 신청 가능하다. 이용자가 레퍼런스 서비스를 신청하면 7일 이내에 전문 사서가 이메일로 답변해준다. 이용자는 한 사람당 한 가지만 질문할 수 있으며, 이에 대한 답변이 완료된 후에 그다음 질문을 신청할 수 있다. 홈페이지를 살펴보니, 답변이 제공된 레퍼런스의 사례로 다음과 같은 것들이 있었다. "도쿄 올림픽을 대표하는 노래의 악보를 구할 수 있을까요?" "과자 장인에 대해 조사하고 있습니다. 과자를 만들 때 이용하는 도구의 사진이나 일러스트가 실려 있는 책이 있습니까?" "수화로 부르는 노래가 있다고 들었는데, 어떤 것이 있을까요?"

　소장 장서를 보더라도 세키마치 도서관은 만만하게 보기 어려운 곳이다. 이 도서관은 13만 9400여 권의 장서를 보유하고 있으며, 단행본 외의 자료도 상당히 잘 갖추고 있다. 2018년까지는 1인당 10점까지 대출할 수 있었는데, 이후 대출 한도를 더 늘렸다. 단행본과 잡지는 13점까지, 카세트테이프, 음악 CD, 영화 DVD, 천 그림

세키마치 도서관의 CD 자료 서가. 쇼와 시대(1926~1989)와 헤이세이 시대 (1989~2019)의 노래자랑이라는 주제로 몇몇 CD를 전시하고 있다.

책 등은 2점까지 대출 가능하다.

한편 세키마치 도서관을 포함한 네리마 구의 도서관에서는 이 지역에 사무실이나 가게를 등록한 사업자를 대상으로 잡지 스폰서 제도를 실시하고 있다. 지역에서 비즈니스를 하는 이들이 사회 공헌 활동으로 도서관에 비치되는 잡지를 기부하는 것인데, 기부하는 잡지와 기부 기간은 선택 가능하며 일반 개인은 참여할 수 없다. 잡지 스폰서가 되면, 제공 잡지의 최신호 앞표지와 뒤표지, 그리고 잡지 서가에 스폰서의 사업체 이름을 밝혀주며 도서관 홈페이지에 사업체의 광고를 올려준다. 잡지 스폰서는 수시로 모집하며, 신청서, 회사 소개, 광고 시안을 제출하면 도서관에서 심사를 거친 뒤 결정 여부를 알려준다. 잡지 구매 대금은 도서관이 지정하는 서점에 계좌 이체로 선불 지급하고, 송금 수수료는 스폰서가 부담한다.

세키마치 도서관의 정기간행물 서가. 세키마치 도서관을 포함한 네리마 구의 도서관에서는 지역 사업 자들을 대상으로 한 사회 공헌 활동으로 잡지 스폰서 제도를 실시하고 있다. 지역 사업자가 도서관에 잡지를 구매해주고, 도서관은 이 사실을 정기간행물에 표기하면서 사업체를 홍보해주는 제도이다.

도서관의 위탁 운영, 어떻게 바라봐야 할까

일본의 도서관을 둘러보고 한국에 돌아온 지 며칠 지나지 않아 네리마 구의 도서관 사서들이 파업에 들어갔다는 소식을 듣게 되었다. 네리마 구는 10여 년간 도서관을 민간에 위탁 운영하는 지정관리자 제도를 도입해 추진했으며, 13개의 구립도서관 중 규모가 큰 3개관만 직영으로 구가 직접 운영해왔다. 문제는 2018년 7월, 네리마 구에서 3개의 직영 도서관 중 2개도 지정관리자 제도를 도입하겠다고 밝히면서 불거졌다. 이에 네리마 구 도서관전문원노동조합은 이용자에 대한 서비스 저하와 고용 불안정을 이유로 정책 철회를 요구하며 단체 교섭을 벌이다가 파업에 들어간 것이었다. 결국 그해 12월 18일 밤, 네리마 구가 도서관 직원들을 계속 고용하겠다는 입장을 밝힘으로써 최종 협상이 타결되었다. 하지만 지정관리자 제도의 문제는 여전히 남아 있다.

지자체는 재정 절감과 효율성을 이유로 지정관리자 제도를 선호하는데, 지정관리자로 도서관을 운영하는 기업은 3~5년 단위로 재계약을 해야만 한다. 이는 직원의 저임금, 고용 불안을 야기하며 도서관으로서는 운영 노하우를 축적하기 어렵게 한다. 결국 도서관 서비스의 불안정으로 이어지며, 이용자에게도 여파를 미치는 문제이다.

사실 한국의 공공도서관도 이와 별반 다르지 않다. 2019년 국가도서관 통계 자료에 의하면, 전국의 공공도서관 1134개 가운데 직영으로 운영되는 도서관은 911개이고 위탁으로 운영되는 도서관은 225개로 전체의 19.8퍼센트이다. 하지만 서울시의 경우 공공도서관 180개 중에서 140개가 위탁으로 운영되고 있으며, 이는 서울시 전체 도서관의 77.7퍼센트를 차지한다. 즉 도서관의 위탁 운영 문제는 우리 역시 당면한 사안인 것이다.

이런 논란에도 불구하고, 세키마치 도서관을 둘러보면서 나는 일본 공공도서관이 아직은 건재하다는 느낌을 받았다. 한국에 돌아와서 이 도서관과 관련한 자료를 살펴보았는데, 네리마 구 주민들은 2018년 한 해 동안 8.57권의 도서를 대출했다. 공공도서관에서 일하는 이들이라면 이 수치가 얼마나 대단한 것인지 잘 알 것이다. 도서관의 건물 규모, 소장 장서 수, 매년 구입하는 신간 도서 수, 직원 수, 대출률 등을 살펴보면, 네리마 구 주민들의 삶에 도서관이 얼마나 가까이 있으며 일본 도서관의 기반이 얼마나 탄탄한지 알 수 있다. 일본이 '독서 강국'이라는 말은 괜한 말이 아닌 것이다.

문득 세키마치 도서관의 입구에 걸린 「도서관의 지적 자유에 대한 선언문」이 다시금 떠올랐다. 도서관이 기본적 인권에 해당하며 무언가를 알 자유를 가진 시민들에게 도서관이 자료와 시설을 제공해야 한다는 것, 그러한 마음이 아직은 일본에 살아 있는 듯하다.

17

재난의
한가운데에서도
도서관은 살아 숨 쉰다

◆ 센다이 미디어테크 せんだいメディアテーク, Sendai Mediatheque

◆ 그림책 미술관 絵本美術館「まどのそとのそのまたむこう」, Iwaki Picture Book Library

2011년 3월 11일, 동일본 대지진이 덮친 그날의 센다이 미디어테크 성인 열람실.
도서관 건물은 비교적 무사했지만, 서가의 책들이 모두 바깥으로 쏟아져버렸다.

2015년부터 2년간 서너 차례 일본 도서관을 둘러보았다. 도쿄를 기점으로 아래쪽인 후쿠오카까지 가보았는데, 동일본 대지진이 일어난 이후인지라 도쿄 위쪽으로의 방문은 위험하다며 주변에서 극구 말렸다. 실제로 2016년 4월에 규슈의 구마모토에 들렀는데, 내가 떠나고 난 이틀 뒤 리히터 규모 7.3의 지진이 일어나기도 했다.

이보다 정도는 덜하지만, 이후 한국에서도 연이어 지진이 일어났다. 2016년 9월 경북 경주에서 리히터 규모 5.8의 지진이, 2017년 11월 경북 포항에서 5.4의 지진이 발생하면서 한국도 지진의 안전지대가 아님이 드러났다. 언론을 통해 여러 시설이 피해를 입고 부상자가 속출하는 보도를 보면서, 한국의 도서관이 지진을 비롯한 재난에 어떻게 대처해야 할지에 대한 나의 고민이 시작되었다. 그러면서 자연스레 대표적인 지진 발생국 일본의 도서관을 살펴봐야 겠다고 마음먹게 되었다.

2011년 동일본 대지진 이후 일본의 도시들은 어떻게 복구되었고, 도서관들은 어떻게 대응했을까? 그곳에 사는 사람들의 삶은 어떻게 바뀌었을까? 또한 도서관은 대지진과 관련해 이용자들에게

267

어떤 서비스를 하고 있을까? 일본 도서관의 사례를 통해 배울 점이 있지 않을까 싶었다. 그런 궁금증을 품고서 동일본 지역의 도서관을 살펴보았다.

동일본 대지진을 기억하고 기록하는 도서관의 활동

2011년 3월 11일 오후 2시 46분, 일본 관측 사상 최대인 리히터 규모 9.0의 동일본 대지진이 발생했다. 지진도 강력했지만, 지진과 함께 밀어닥친 쓰나미가 엄청난 피해의 원인이었다. 거대한 쓰나미 앞에서는 내진 설계가 된 일본의 주택들도 속수무책이었다. 게다가 후쿠시마 원전의 파괴로 인한 방사능 누출은 재앙에 가까운 대참사를 불러왔다. 이 재난으로 1만 5883명이 사망했고, 2652명이 실종되었고, 6149명이 부상당했으며, 12만 6000여 채의 주택이 파손되었다. 실로 어마어마한 재난이었다.

일본의 국립 국회도서관国立国会図書館은 동일본 대지진이라는 재난을 기록하고 관련 자료를 보존함으로써 그 피해를 잊지 않아야 하고, 도서관이 미래 세대에게 지진의 위험성을 알리고 대비하는 교육의 장이 되어야 한다고 보았다. 이에 여러 도서관을 비롯한 공공 기관, 대학, 학술 기관, 연구 단체, 언론 등의 조사와 연구 결과를 통합하여 동일본 대지진 아카이브 히나기쿠HINAGIKU, https://kn.ndl.go.jp 를 만들었다. 히나기쿠는 "동일본 대지진 국립 아카이브와 혁신적인 지식 활용을 위한 복합 인프라Hybrid Infrastructure for National Archive of the

일본의 국립 국회도서관이 제작한 포털 사이트, 히나기쿠. 동일본 대지진과 관련한 다양한 자료와 정보를 검색해 살펴볼 수 있다. ⓒ国立国会図書館

Great East Japan Earthquake and Innovative Knowledge Utilization"의 영문 머리글자를 조합한 것인데, 일본어로 히나기쿠雛菊는 데이지 꽃을 말하며 그 꽃말은 '미래'와 '희망'이다. 즉 이 온라인 포털 사이트의 이름은 지진 회복을 지원하려는 프로젝트의 목적을 담고 있기도 하다. 한 국가의 대표도서관이 재난 정보를 갈무리해 이용자에게 지속적으로 서비스하는 좋은 사례일 것이다.

온라인에서 만날 수 있는 아카이브를 거쳐, 이번에는 오프라인에서 만날 수 있는 실제 도서관을 살펴보자. 일본 미야기 현의 현청 소재지 센다이는 동일본 대지진의 그늘이 드리운 도시이다. 이곳의 도심부에는 센다이 시의 7개 도서관 중 하나로 중앙도서관 기능을 하는 센다이 미디어테크せんだいメディアテーク가 있다. 이곳은 도서관, 미술관, 행사 공간이자 소극장을 겸비한 복합 문화 시설로 기획

269

되었으며, 센다이 문화와 예술의 중심지이다.

센다이 미디어테크는 1989년 건립 계획을 세우기 시작했으며, 시민들의 활발한 참여와 논의를 거쳐 2001년 1월에 개관했다. 지상 7층, 지하 2층 건물로 연면적은 2만 1682제곱미터이고, 설계는 1994년 설계 공모전에서 최우수상을 받은 이토 도요오 건축설계사무소가 담당했으며, 공사비로는 약 130억 엔(한화로 약 1453억 원)이 소요되었다.

센다이 미디어테크 내부에는 이토 도요오의 시그니처라 할 수 있는 특유의 기둥이 자리하고 있다. 직경이 2~9미터에 이르는 이들 기둥은 속이 빈 강철 파이프가 둘러싸고 있으며, 유리로 덮여 있는 경우도 있다. 다양한 크기의 기둥들이 각 층을 잇고 있어서, 이들을 통해 층간 이동이 가능하며 빛과 공기도 순환된다. 일반적인 건물과 달리 이 건물은 각 층의 높이가 다양한데, 이때 기둥들은 마치 해초처럼 건물을 관통하면서 모든 층을 연결하고 빛을 유입시키면서 건물의 통일감을 만들어낸다.

이 건물은 현대 건축의 첨단 소재인 유리와 강철을 이용해 독특한 구조와 세련된 개방성을 구현한 것으로 평가받고 있다. 최첨단 지식과 문화 제공 및 교류의 장으로 구상된 곳의 건물답다. 유리를 소재로 쓴 데다가 기둥이 많아서 튼튼하지 않아 보일지 모르겠는데, 동일본 대지진 당시 책들은 많이 쏟아졌지만 일부 천장 마감을 제외하곤 건물이 모두 온전하게 유지되어서 유명세를 얻기도 했다.

하지만 2011년 대지진이 덮친 센다이 시는 그야말로 쑥대밭이

◆

센다이 미디어테크의 외관(위), 1층의 안내 데스크(가운데), 3층의 성인
열람실(아래). 투명한 유리 벽 건물이며, 내부의 기둥들이 마치 해초처럼
건물을 관통하면서 모든 층을 연결해주고 있다.

「3·11 기억 센터 활동 보고」의 표지. 센터의 활동에 대한 기록이면서 동일본 대지진의 실상을 알리려는 도서관의 노력을 엿볼 수 있는 자료이다.

되었다. 이에 센다이 미디어테크는 지진을 겪은 사람들의 기억을 기록하고, 관련 자료를 수집하고, 그런 자료들을 보존하는 작업에 착수했다. 관내에 3·11 기억 센터3がつ11にちをわすれないためにセンター를 만들면서 이 작업은 더욱 본격화되었다.

3·11 기억 센터에서는 「3·11 기억 센터 활동 보고」를 펴냈는데, 전반적인 활동의 윤곽을 살펴보기에 손색이 없다. 그 내용은 '재난 전, 그리고 재난 후 30일간의 기록' '사진, 글, 음성 녹음, 그리고 활동 기록' '영상 기록과 관련 활동' '아카이빙 활동의 맥락화와 활용의 실례'라는 4개 섹션으로 구성되어 있다. 센터의 활동 기록일 뿐만 아니라 센터가 수집한 자료들을 통해 동일본 대지진의 실상을 알리려는 노력을 엿볼 수 있는 보고서이다.

동일본 대지진 관련 자료는 3·11 기억 센터 외에 성인 자료실 한

센다이 미디어테크 성인 자료실에 있는 3·11 지진 재해 서고. 동일본 대지진과 관련한 다양한 인쇄 자료들이 이곳에 수집·정리되어 있다.

쪽에도 비치되어 있다. '3·11 지진 재해 서고3·11 震災文庫' 코너인데, 여기에는 동일본 대지진과 관련한 각종 신문 기사와 연구 논문, 정부 기관의 보고서, 전문가들이 저술한 책, 시민들의 경험이 담긴 구술 기록 등 여러 인쇄 자료들이 꼼꼼하게 수집·정리되어 있다.

또한 꼭대기 층에 있는 토론 및 활동 공간 '생각하는 책상考える テーブル'도 눈여겨볼 만하다. 이곳은 재난 복구와 회복 과정에 대한 기록과 정보 전달을 위한 공간인데, 지역 주민, 전문가, 도서관 직원 등이 협력해 만들어가고 있다. 동일본 대지진 관련 글, 사진, 음성, 영상 자료 등을 모아놓은 멀티미디어 스튜디오도 있으며, 피해 복구를 돕는 모임도 개최된다. 3·11 이후의 삶을 지속해가는 지역 주민들을 위한 도서관의 노력을 엿볼 수 있는 곳이다.

2011년의 동일본 대지진은 많은 이들의 삶을 바꿔놓았다. 이로

273

센다이 미디어테크의 7층에 있는 멀티미디어 스튜디오. 이곳에서는 동일본 대지진과 관련한 글, 사진, 영상, 녹음 자료 등을 모아 전시하고 있다.

인해 여전히 고통받는 이들이 있고, 재난 이후의 삶에 대해 고민하는 이들도 있을 것이다. 어떤 재난이 벌어졌는지를 기억하고, 그 기록을 남기는 일은 중요하다. 하지만 이러한 작업과 함께 현재를 살아가고 미래를 살아내기 위한 기획 또한 필요할 것이다. 센다이 미디어테크는 재난에 대한 사람들의 경험과 기록, 그리고 이에 대한 반성의 목소리를 수집하면서 주민들의 미래도 함께 설계하고 있다.

센다이 미디어테크 건물을 설계한 이토 도요오는 동일본 대지진 이후의 한 인터뷰에서 이런 말을 남겼다. "2011년의 지진 이후, 센다이 미디어테크는 도시의 문화적 피난처가 되어주었습니다. 많은 사람들이 단지 책을 읽거나 영화를 보기 위해 도서관에 간 게 아닙니다. 이들은 대부분 뚜렷한 목적 없이 도서관에 갔어요. 커뮤니티의 일원이 되기 위해 그곳에 간 겁니다."

무자비한 자연의 폭력, 그 가운데서 희망이 되어준 아이들

이번에는 동일본 대지진이 여파를 미친 또 다른 도서관을 만나 보자. 그림책 미술관(공식 명칭은 그림책 미술관: 창밖 저 너머에는絵本美術館まどのそとのそのまたむこう)에 대한 글은 여기저기서 많이 접했다. 환상적인 실내 사진도 여러 번 보았다. 도서관이자 미술관이면서 박물관이라고도 할 수 있는 곳인데, 미술관으로 내세울 만큼 그림책들을 마치 멋진 작품처럼 선보이는 곳인 듯했다.

그런데 막상 이곳을 찾아가려 했더니 주소를 알 수 없었다. 운영이 어려워서 그새 문을 닫았나, 동일본 대지진 때문에 무너진 건 아닐까, 이런저런 생각이 밀려들며 걱정도 되었다. 그러다가 이와키 유치원이 이곳의 운영을 맡고 있다는 기사를 발견했다. 그 기사만을 믿은 채 무턱대고 후쿠시마 현 남쪽에 있는 이와키 역 근처에 호텔을 잡았다. 그리고 유치원이 문을 여는 오전 9시에 맞춰 그곳으로 갔다.

그림책 미술관을 찾아왔다고 하자 아이들을 반기던 유치원 선생님이 난감한 표정을 지었다. "오늘은 문을 열지 않아요. 죄송한데, 문을 여는 목요일에 다시 오시면 안 될까요?" 먼 길을 왔는데, 이렇게 물러설 순 없었다. "전 내일 한국으로 돌아가야 하는데요. 여기까지 찾아오는 데도 무척 힘들었어요. 이곳을 찾기가 정말 어려웠거든요." 구구절절 설명을 하다 보니 이번에는 내가 점점 곤란한 표정을 짓게 되었다.

이어서 유치원 책임자로 보이는 나이 지긋한 여성분이 나와서는 딱 잘라 말씀하셨다. "그림책 미술관은 우리 유치원에서 운영하는 사립 도서관입니다. 그래서 정해둔 날을 제외하고는 외부인이 들어올 수 없어요." 나중에 알게 된 사실은 이 도서관이 매달 하루, 그리고 여름방학 기간과 크리스마스 전후에 각각 사흘씩만 외부인에게 개방을 한다는 것이었다.

"그렇다면 어쩔 수 없겠네요." 하는 수 없이 체념하고 돌아서려는 순간이었다. "하지만 먼 길을 부러 찾아오셨으니 안내해드리겠습니다. 차를 호출해서 그림책 미술관까지 모실 테니, 잠시 기다려주세요." 말을 마치고서 그녀는 들고 온 빗자루로 마당의 낙엽을 쓸어 모으기 시작했다.

11월 말인데 유치원 마당에는 동백꽃이 흐드러지게 피어 있었다. 간간이 아이들이 출근길의 젊은 아빠나 무척 바쁜 아침을 보냈음에 틀림없는 흐트러진 매무새의 엄마 손을 잡고 나타났다. 초겨울 쌀쌀한 날씨에 얼굴이 빨갛게 상기된 아이들은 코트도 없이 짐짓 다 큰 학생들처럼 교복 차림이었다. 아이들이 나타날 때마다 유치원 선생님들은 바로 마중 나와서 아이의 이름을 부르고 90도 각도로 깍듯이 인사한 뒤 아이의 손을 붙잡고 안으로 들어갔다.

분명 아침마다 반복되는 등원 광경일 텐데, 아이들을 대하는 선생님들의 진지한 태도에서 마치 세상에서 가장 귀하고 소중한 생명을 대하는 듯한 숭고함과 경건함마저 느껴졌다. 조용한 시골 마을의 유치원에서 벌어지는 평범한 일상을 엿보면서 내가 왜 이런

그림책 미술관의 관리를 맡고 있는 센자키 씨가 현판 앞에 서 있다. 그는 손수 운전을 해서 나를 이곳까지 데려다주었고, 관람 후에는 역까지 바래다주었다.

기분이 드는지 알 수 없었다. 그림책 미술관의 관리를 맡고 있는 센자키 씨가 자기 차에 나를 태운 뒤 무려 15분이나 운전해가면서 이 마을에 대해 설명해줄 때까지는.

　바닷가에 인접해 있는 이와키 마을은 2011년 동일본 대지진으로 큰 피해를 입었다. 해수면 6미터 높이까지 올라온 초대형 쓰나미는 지역민의 삶의 터전이었던 집과 직장 등을 한꺼번에 삼켜버렸다. 그리고 한순간에 수백 명의 주민이 아까운 목숨을 잃었다. 정확한 희생자 수는 알 수 없다. 지진에 무너지고 쓰나미에 수몰된 마을에서 간신히 살아남은 이들은 망연자실했다. 하루아침에 전 재산이 사라졌고, 어제까지도 웃으며 때로는 싸우며 정을 나누던 소중한 가족, 친구, 이웃을 잃었다. 지진과 쓰나미는 마침내 잦아들었지만, 악몽은 거기서 끝나지 않았다. 이어진 후쿠시마 원전의 파괴

277

로 인한 방사능 누출은 재앙에 가까웠다. 이 일련의 무자비한 자연의 폭력을 경험한 무기력한 인간은 무엇을 할 수 있을까?

절망의 땅에 남겨진 이들은 그럼에도 다시 새로운 집을 지었고, 언젠가 다시 무너질지도 모를 그 집에서 새 생명을 낳고 꽃나무를 심고 낙엽을 쓸고 아이를 키우며 살아간다. 어제와 다를 바 없이 반복되는 일상이지만, 그래도 자신에게 주어진 평범한 오늘 하루에 감사하면서, 죽음의 땅에서 희망처럼 쑥쑥 자라는 소중한 어린 생명들을 감사한 마음으로 지그시 지켜본다.

현재에서 잠시 벗어나 환상의 세계로 진입하게 하는 그림책 미술관

그림책 미술관은 이와키 유치원의 설립자이자 그림책 수집가인 마키 레이^{ㅠㄴㅆ}의 구상으로 시작되었다. 그녀는 자신이 모은 세계 각지의 그림책들을 소장하는 미술관이자 어린이들이 이를 즐길 수 있는 도서관을 만들기를 바랐다. 마키 레이는 2003년 세계적으로 유명한 건축가 안도 다다오安藤忠雄에게 설계를 의뢰하면서 단 하나의 조건을 내걸었다. 그림책들의 표지를 상시적으로 볼 수 있게 해달라는 것이었다. 그렇게 해서 2005년 이와키 유치원을 포함한 세 곳의 유치원 아이들을 위한 그림책 미술관이 완공되었다.

안도 다다오 특유의 노출 콘크리트에 투명 소재인 유리를 조화롭게 쓴 이 건물은 단순하면서도 깔끔하다. 그림책의 표지가 전면에 가득 보이도록 디자인된 커다란 원목 서가에서는 따스한 느낌

마키 레이는 그림책 미술관을 구상하면서 건축가에게 그림책 표지를 상시
적으로 볼 수 있게 해달라고 요청했다. 이 서가는 그렇게 탄생한 것이다.

이 감돈다. 또한 자연과의 조화를 중시하는 건축가답게 안도 다다
오는 이곳에서도 자신의 장점을 유감없이 발휘했다. 커다란 유리
창으로 자연의 빛을 받아 안아 내부 공간은 빛을 발한다.

 그림책 미술관의 면적은 3237제곱미터로 넓은 편이지만, 열람실
은 634제곱미터에 불과하다. 하지만 외부에서 스며드는 자연 채광
덕분에 실내는 상당히 환하고, 1층과 2층을 오가는 계단을 아이들
이 앉아서 책 읽는 좌석으로 혼용해 사용하는 등 내부 공간을 짜임
새 있게 써서 좁다는 느낌이 들지 않는다.

 이곳에는 전 세계에서 출간된 1만여 권의 그림책이 소장되어 있
으며, 마키 레이의 바람대로 1500여 권의 그림책이 표지를 볼 수

279

◆

1층에서 2층으로 이어지는 두 벽면은 오롯이 그림책의 표지들로 채워져 있다. 크고 작은 유리창에서는 빛이 스며들어 곳곳에 온기를 불어넣는다. 벽면 서가 뒤편의 큰 유리창 너머로는 푸른 바다가 훤히 보인다. 그림책과 자연이 조화를 이루면서 이용자를 환상의 세계로 안내하는 공간이다.

있게 전시되고 있다. 그녀의 개인 소장품이었던 이들 그림책 가운데는 오래된 희귀 서적도 있으며, 세계의 유명 그림책들이 대부분이다. 그중에는 1960년에 칼데콧 상을 받은 매리 홀 엣츠^{Marie Hall Ets}, 미국의 작가이자 일러스트레이터 에드워드 고리^{Edward Gorey}, 영국도서관협회에서 그녀의 이름을 딴 그림책 상을 제정하기도 했던 케이트 그리너웨이^{Kate Greenaway} 등이 작업한 그림책도 있다.

그러나 그 누구보다도 그림책 미술관과 인연이 깊은 작가는 모리스 샌닥^{Maurice Sendak}이다. 그에게 칼데콧 상을 안겨주었던 작품 『잃어버린 동생을 찾아서』는 안도 다다오가 이 건물을 설계할 때 영향을 받은 책으로 알려져 있다. 이 책은 먼 바다로 항해를 떠나는 아빠를 배웅한 뒤 엄마가 정원에 우두커니 서 있는 장면으로 시작된다. 엄마는 아이들을 돌보지 않고 그저 바다만 바라볼 뿐이다. 그래서 어린 소녀 아이다가 칭얼대는 동생을 달래고 있다. 그런데 아이다가 잠깐 나팔 부는 데 빠져 있는 사이, 심술궂은 꼬마 괴물 고블린들이 동생을 신부로 삼겠다며 납치해간다. 이를 알아챈 아이다는 엄마의 비옷을 입고 고블린을 뒤쫓아가서 용감하게 동생을 구출해온다.

이 환상 모험담의 번역된 제목도 상당히 흥미롭다. 영어 원제는 'Outside over there'로, 동생이 납치당해 끌려간 심술궂은 괴물 고블린들이 사는 세상을 가리키는 듯하다. 한국어판은 책의 주요 사건을 끌어내어 '잃어버린 동생을 찾아서'라는 제목을 붙였다. 일본어판은 '창밖 저 너머에는'이라는 제목을 붙였는데, 이는 그림책 미

◆

❶ 그림책 미술관의 2층 복도. 툇마루를 염두에 두고 만든 공간이며, 유리창 너머로 바다와 하늘이 시원하게 눈에 들어온다.

❷ 곰돌이 푸와 피터 래빗 등의 캐릭터가 그려진 찻잔과 티 포트들. 오른쪽 찻잔들 사이에 그림책이 한 권 있는데, 동일본 대지진 때 떨어져 깨진 찻잔을 대신해 놓은 것이다. 당시에 인근 마을은 극심한 피해를 입었지만, 그림책 미술관은 오직 이 찻잔 하나만 깨졌을 뿐이다.

술관의 공식 명칭에 그대로 썼다. 그림책 미술관은 그렇게 창밖 너머의 세계를 도서관 안으로 끌어들였다.

문을 열고 어둑어둑한 통로를 지나 통유리로 둘러싸인 열람실 안으로 들어가면, 이곳은 그야말로 온갖 그림책으로 가득한 세상이다. 새로운 세상에 들어가는 것이면서 동시에 현재의 시공간에서 벗어나는 듯한 신비로운 느낌마저 든다. 밖이 안이 되고, 안이 밖이 되는 세계이다. 이는 세상의 모든 그림책들이 바라는 바이며, 좋은 그림책이 품고 있는 힘이 아닐까. 현실이 상상으로 바뀌고 상상이 현실이 되는 세상, 발 딛고 서 있는 현재 세계에서 벗어나 새로운 환상의 세계로 이끄는 마법 말이다.

이곳까지 나를 데려다준 센자키 씨는 천천히 마음껏 관람하라는 말을 남긴 뒤 어딘가를 살피러 가는 척하며 자리를 비켜주었다. 그 덕분에 나는 오전 내내 이곳에 머물 수 있었다. 이렇게 민폐를 끼치면서도 오랜 시간 단독 관람이라는 욕심을 내었던 것은, 감동으로 떨리는 가슴을 진정시키고 가능한 한 오래도록 눈으로 보고 손으로 만지면서 머리로도 오래도록 이곳을 기억해두고 싶었기 때문이다.

하지만 나에게는 그날 오전에 경험했던 모든 것을 정확하게 묘사할 재주가 없다. 열람실 문을 연 순간 온몸에 흐르던 전율에 대하여, 유리창 사이로 환하게 스며들었던 아침 햇살의 눈부심에 대하여, 수백 명의 목숨을 앗아갔던 2011년 쓰나미의 무시무시한 위력에 대하여, 그럼에도 단 하나의 찻잔만 떨어져 깨졌을 뿐 피해를 피

283

할 수 있었던 안도 다다오 건축의 단단함에 대하여, 다채로운 그림 책들이 품어내는 압도적인 아름다움에 대하여, 그리고 오직 한 사람의 이용자를 위해 이곳의 문을 열어주고 긴 관람을 마칠 때까지 말없이 기다려주었던 센자키 씨의 사려 깊음에 이르기까지.

사전 연락도 없이 폐관일에 찾아온 무례한 이국의 손님을 기다려준 센자키 씨는 다시 나를 자신의 차에 태운 뒤 이와키 역까지 바래다주었다. 헤어지는 순간에도 그림책 미술관을 찾아주어서 감사하다며, 일본인 특유의 정중함을 담아 고마움을 표시했다. 그 극진함은 지금까지도 내 마음에 오롯이 남아 있다.

특정 이용자와
정보를 고민하는
도서관이 필요하다

◆ 무사시노 플레이스 ひと·まち·情報 創造館 武蔵野プレイス,

　　Musahino Place: a House for People, Town, Information and Creation

◆ 도쿄 도립 다마 도서관 東京都立多摩図書館, Tokyo Metropolitan Tama Library

무사시노 플레이스 1층에 있는 잡지 코너.
다채로운 잡지들이 발간되고 독자들의 사랑을 받는 나라답게
일본의 공공도서관들은 굉장히 많은 잡지를 빼곡히 비치해두고 있다.

무사시노 플레이스(공식 명칭은 사람·마을·정보 창조관 무사시노 플레이스ひと·まち·情報 創造館 武蔵野プレイス)는 2011년 7월에 건립된 도쿄 무사시노 시의 시립도서관이다. 14만 6000여 명이 거주하는 무사시노 시에는 세 개의 시립도서관이 있는데, 무사시노 플레이스가 가장 최근에 개관한 곳이다. 지하철역 근방에 있어서 접근성이 매우 좋으며, 바로 앞에 자그마한 공원이 있어서 오가는 시민들의 여유로운 분위기도 느낄 수 있다.

도서관은 지상 4층, 지하 3층, 연면적 9809제곱미터의 세련된 흰색 건물로, 커다란 타원형 유리 창문이 여럿 있어서 눈길을 끈다. 내부는 단순하지만 미묘한 멋이 있고, 개방적이지만 조용하며, 일본의 전통 사찰과도 닮아 있는 뛰어나게 균형 잡힌 분위기이다.

이 도서관의 이름은 시민 공모를 통해 탄생했는데, 도서관이 아닌 '플레이스palce', 즉 '공간'이라고 명명한 것이 특이하다. 도서관이 추구하는 목표를 '사람·마을·정보 창조'로 축약해 표현한 것 또한 이채롭다. 무사시노 플레이스는 책을 매개로 사람들이 모여서 소통하고, 그렇게 마을을 만들어가며, 정보 공유를 통해 창의적 사고를 끌어내는 공간이라는 뜻이다.

이곳은 명칭뿐만 아니라 공간 구성에서도 도서관이 추구하는 바를 드러내고 있다. 일반적인 도서관에 비해 어린이와 청소년 공간에 상당한 공을 들였고, 시민들의 모임과 활동을 위한 공간과 서비스를 별도로 제공하면서 이와 관련한 워크숍도 진행한다.

1층에는 도서관 안내 데스크와 잡지 코너, 전시 갤러리, 카페가 있는데, 이곳 카페에서는 음료를 비롯해 간단한 음식을 먹을 수 있고 지역 이름을 딴 무사시노 맥주도 판매한다. 2층에는 아동 자료가 있는 어린이 도서관, 그리고 신발을 벗고 들어가서 자유롭게 책을 읽을 수 있는 이야기 방이 있다. 3층에는 시민 활동 정보 코너, 소규모 회의실, 개인 학습실이, 4층에는 대회의실과 회원제로 운영되는 유료 학습실이 있다. 지하 1층에는 일반 도서를 모아둔 자료실, 레퍼런스 코너가 있으며, 지하 2층은 청소년 전용 공간이다.

시민 단체, 청소년 등이 만나서 활동하는 곳, 무사시노 플레이스

이 도서관에 대한 기획은 1998년 현재의 자리에 토지를 매입하면서부터 시작되었는데, 2003년 도서관 계획 보고서에 '플레이스'라는 단어가 주요 콘셉트로 처음 등장한다. 무사시노 플레이스는 도서관이지만, 개인과 지역 사회의 역량을 강화하는 서비스 제공을 염두에 두었다. 이에 도서관의 전통적인 기능을 포함하면서도 그 역할을 확장시켜 다음의 네 가지 활동을 통합적으로 벌여 나간다.

세련된 흰색 건물의 무사시노 플레이스. 커다란 유리 창문이 나 있어서 안에서
는 바깥의 조그만 공원이 내려다보이고 밖에서는 내부가 살짝 들여다보인다.

첫째는 평생교육 지원으로, 도서관이 무언가를 배우려는 이들의
지적 호기심에 부응하여 언제든 배움의 기회를 제공하고 그것이
가능한 장소가 되겠다는 것이다. 이와 관련해서 무사시노 플레이
스는 이용자의 생애에 맞춘 학습 환경을 제공하며, 지역의 교육기
관, 기업 등과 연계하여 각종 사업과 강좌를 기획·진행한다.

둘째는 시민 활동 지원으로, 도서관은 마을 만들기를 활성화하
는 데 필요한 시민 활동의 환경을 마련하고자 한다. 이에 관련 정보
수집, 자료 제공, 홍보 지원 및 상담, 단체 간의 교류 등의 서비스를
제공한다. 시민 단체에서는 회의와 작업을 할 수 있는 워크 라운지,
사물함, 우편함 등을 이용할 수 있으며, 시민 활동 정보 코너에서
단체 정보 및 자료 등도 열람할 수 있다. 강연, 포럼, 영화제와 같은
이벤트 및 대규모 행사도 진행 가능하다.

무사시노 플레이스의 시민 활동 정보 코너. 따스한 분위기가 감도는 이곳에는 여러 시민 단체에 대한 소개 및 활동 자료, 관련 책자가 비치되어 있다. 시민 사회의 활동과 마을 만들기를 활성화하는 데 필요한 정보를 제공하는 공간이다.

셋째로는 어린이와 청소년의 참여 독려로, 도서관은 어린이와 그들의 보호자, 그리고 청소년을 위한 공간을 별도로 마련했다. 특히 지하 2층의 청소년 공간이 잘 갖춰져 있는데, 다른 이용자의 관심과 활동을 존중하는 한 자유롭게 이곳을 사용할 수 있다. 전통적인 도서관과는 달리 조금은 북적북적한 분위기이다.

넷째로는 풍부한 정보 제공으로, 전통적인 도서관이 해왔던 중점 사업이다. 무사시노 플레이스는 어린이, 청소년, 성인 등 다양한 연령층을 고려한 자료뿐만 아니라 전문적인 장서도 함께 소장하고 있다. 또한 어린이용 20종, 청소년용 20종, 성인용 560종의 정기간행물도 서비스한다.

그런데 무사시노 플레이스에서 무엇보다도 돋보이는 곳은 지하 2층에 있는 18세 이하의 청소년 전용 공간이다. 우선 이곳의 공간을 살펴보면, 중앙에는 자유롭게 다양한 활동을 할 수 있는 커다란 '스튜디오 라운지'가 있다. 그리고 그 주변으로 가벼운 운동을 할 수 있는 '오픈 스튜디오', 악기를 연주할 수 있는 '사운드 스튜디오', 춤이나 연극을 연습할 수 있는 '퍼포먼스 스튜디오', 간단한 미술과 공예 작업을 할 수 있는 '크래프트 스튜디오'가 있다. 자료실에는 청소년 도서와 예술 도서가 1만 5000여 권 비치되어 있다.

무사시노 플레이스의 청소년 전용 공간은 청소년들이 부담 없이 안심하고 머물 수 있는 '이바쇼居場所' 만들기를 추구한다. 이바쇼는 원래 '있는 곳' 혹은 '장소'라는 말인데, 1980년대 이후에는 이 사전적 개념이 확장되면서 등교를 거부하는 학생이나 중·고등학교

◆

❶ 무사시노 플레이스의 어린이 도서관. 아이들이 쉽게 책을 꺼낼 수 있
도록 낮은 서가를 두었으며, 따스하고 아기자기한 분위기가 돋보인다.
❷ 무사시노 플레이스의 자료실. 지하 1층에 있지만 조명이 환해서 어두
운 느낌이 전혀 들지 않으며, 차분하게 책 읽기 좋은 공간이다.

중퇴자들이 편히 머물며 사회에 진입할 수 있도록 힘을 실어주는 곳이라는 뜻으로 쓰였다. 그리고 최근에는 실업 상태에 있는 청년, 생활보호를 받는 노인, 여성 노동자, 장애인, 노숙인 등 사회적·경제적으로 소외된 이들이 힘을 얻을 수 있는 곳이라는 뜻으로까지 확장되었다. 즉 현재의 일본 사회에서 이바쇼는 개인이 수행할 역할이 있고 소속감을 느끼는 곳, 그 과정에서 타인과의 연결감을 느끼는 곳, 따라서 그곳에 있으면서 존중받고 자신감을 갖게 되는 곳이라는 의미로 사용된다.

무사시노 플레이스는 직원들이 청소년에게 서비스를 제공하는 방식보다는 청소년들끼리의 관계 맺기를 지원하는 방식으로 접근하여 진정한 청소년들의 이바쇼가 되고자 한다. 청소년들은 이곳에서 댄스나 밴드 연습을 한 뒤 발표회를 열기도 하고, 어른들에게 하고 싶었던 이야기들을 담아 전시를 하기도 한다. 도서관에서는 이와 관련한 상담을 진행하고 전문 기관을 소개해주며, 청소년들의 요청이 있으면 그에 맞는 강좌나 이벤트를 기획해 진행한다.

그러나 무엇보다도 청소년 전용 공간이 사랑받는 이유는 이곳에서 또래 친구들을 자유롭게 만날 수 있기 때문이다. 개관 초기에 청소년들은 대부분 개인 공부를 하기 위해 이곳을 찾았다고 한다. 그런데 시간이 지나면서 여기에서 친구들을 사귀고, 게임을 하고, 다양한 활동을 하게 되었다. 직원들은 고학년 학생들이 저학년 학생들의 학교 숙제를 돕는 멘토 프로그램을 지원하는 식으로 이런 활동을 독려했다.

무사시노 플레이스의 개인 학습실. 한국의 열람실과 유사한 공간인데, 그보다는 규모가 작은 편이다. 조용히 집중해서 공부하기 좋은 곳이다.

　교육적 의도를 전면에 내세우지 않으면서 청소년층의 다양한 이해와 요구를 반영한 것이 이곳의 성공 비결이다. 여기에서 청소년들은 친구들을 만나고 자신이 원하는 활동을 하면서 자연스럽게 지적 정보도 접하게 된 것이다. 다만 전통적인 도서관에서 허용되지 않는 수위의 소음이 발생하는 문제가 있었는데, 무사시노 플레이스는 조용한 공간과 다소 시끄러운 공간의 공존을 조화롭게 모색하면서 도서관을 한결 풍요롭게 만들어갔다.

　근래에 스웨덴, 노르웨이 등 북유럽의 공공도서관에서는 8세부터 14세까지의 트윈 세대 전용 공간이, 미국의 공공도서관에서는 청소년 전용 공간이 새로운 트렌드로 부상하고 있다. 이는 어린 시

무사시노 플레이스의 청소년 전용 공간 한쪽에 전시된 책들. 이들 책을 진열해둔 뒤 그에 대한 의견을 개진할 수 있는 자리도 마련해두었다.

절 도서관을 자주 이용하다가 자라면서 차츰 도서관에서 멀어지는 이들에 대한 대처이기도 하며, 아날로그 문화에 익숙한 디지털 이주민Digital Immigrants 세대와는 다른 디지털 원주민Digital Native 세대에 대한 배려이기도 하다. 이런 공간들은 청소년에게 친숙한 최첨단 기기를 갖추고, 이들을 위한 아지트를 조성해주고, 이곳에서 책을 읽고 영화를 보고 토론을 하고 무언가를 만들어내도록 장려한다.

학력과 경쟁을 중시하는 한국 사회에서 공공도서관은 청소년들에게 학교 공부와 시험 준비를 위한 무료 독서실로 인식되고 있다. 우리의 청소년들에게도 자신의 존재 가치를 느끼면서 부담없이 머물 수 있는 이바쇼가 필요하다. 한국의 공공도서관이 청소년들에게 자신의 집과 같이 편안한 곳, 고민을 상담할 수 있는 곳, 흥미를 느끼는 기기와 도구가 있는 곳, 자신의 개성을 표현할 수 있는 곳, 그리고 언제나 즐거운 이벤트가 가능한 흥미진진한 곳, 새로운 친구들과 만나는 곳이 될 순 없는 것일까.

도쿄의 사서들이 추천하는 도서관을 위한 도서관

일반인이 생각하는 좋은 도서관과 연구자나 사서들이 추천하는 좋은 도서관이 항상 일치하는 것은 아니다. 이러한 간극이 있는 대표적인 사례가 일본에서는 다케오 시 도서관이고, 한국에서는 별마당 도서관일 것이다.

일반 이용자라면 인테리어가 세련되고 편안한 분위기에다가 음료도 자유롭게 마실 수 있는 등 별다른 규제가 없는 도서관을 선호할 것이다. 하지만 도서관을 자주 찾는 연구자나 도서관 관계자의 입장은 다르다. 이들로서는 SNS의 핫한 명소가 되어서 곳곳에서 플래시를 터트리며 찰칵찰칵 사진을 찍어대는 뜨내기 이용자들이 가득한 도서관이 불편할 것이다.

물론 미국의 뉴욕 공공도서관이나 프랑스의 퐁피두 센터도 이용자보다 관광객이 훨씬 많이 드나든다. 하지만 이곳에는 다른 데서 볼 수 없는 희귀 서적을 포함한 자료들이 즐비하며, 사서의 전문 서비스가 제공된다. 반면 다케오 시 도서관이나 별마당 도서관의 사정은 다르다. 자료 분류는 엉망이고, 사서가 고심해 추천한 도서가

일본의 고건축에서 엿볼 수 있는 선을 살려 디자인한 도쿄 도립 다마 도서관.
2017년에 이전 개관하면서 지은 신축 건물이다. ⓒ佐藤総合計画

아니라 오래되었거나 기증받은 도서가 상당수이며, 전문적인 연구
에 도움될 만한 서비스는 기대조차 어렵다. 더욱이 별마당 도서관
은 도서관의 3요소인 건물, 장서, 사서 가운데 사서는 아예 찾아볼
수 없으니, 엄밀한 의미에서 도서관이라고 보기 어려울 것이다.

그렇다면 도쿄의 사서들은 어떤 도서관을 추천하고 있을까. 이
번에는 이들이 이구동성 한번 들러보라고 권해준 도쿄 도립 다마
도서관東京都立多摩図書館을 살펴보려 한다. 이 도서관은 도쿄도에 있
는 2개의 도립도서관 중 하나이다. 나머지 하나는 미나토 구에 있
는 중앙도서관인데, 이곳에서는 도내 공공도서관에 대한 참고 서
비스 지원, 이용자 열람 서비스 및 조사·연구 지원을 담당한다. 그
리고 고쿠분지 시에 있는 다마 도서관은 잡지와 아동 및 청소년 자
료를 주력으로 서비스한다. 이 도서관들에서는 개인에게 대출 서

297

비스를 제공하지 않기 때문에 자료의 열람만 가능하다.

도쿄의 도립도서관은 "도쿄의 미래를 개척하는 데 힘이 될 만한 지식의 집적과 발신"을 사명으로 내걸고 있으며, 지역에 있는 공공도서관을 관리하면서 전문적인 연구를 지원하기 위해 만들어진 곳이다. 즉 이곳은 지역의 대표도서관으로서 도서관을 위한 도서관이자 전문 연구자를 위한 도서관이다. 은행과 비교하면, 컨트롤 타워로서 지역의 경제 정책을 수립하고 지역 은행에 돈을 공급해주는 중앙은행 역할을 하는 곳이다. 도쿄의 일반 공공도서관이 지역주민을 대상으로 대출 중심의 서비스를 한다면, 도립도서관은 각각의 공공도서관에 자료를 지원하고 도서관 간의 협력 사업을 주로 한다. 이 외에 각종 조사와 연구 활동 지원, 자료 보존, 도서관 미설치 지역에 대한 서비스, 도쿄 관련 정보 제공, 국제 교류 및 협력, 세계 각국의 행정과 연계된 정보 서비스 등도 제공하고 있다.

원래 도쿄 도립 다마 도서관은 도쿄도 다마 교육 센터와 함께 건물을 썼는데, 2017년 지상 3층의 독립 건물로 이전 개관했다. 그러면서 장서 수도 103만여 권에서 285만여 권으로, 열람석도 135석에서 227석으로 늘어났다. 내부에는 세미나실, 그룹 열람실, 카페도 갖추고 있다.

이 도서관은 일본의 공공도서관으로는 최대 규모의 잡지 전문 서비스를 제공하고 있어서 유명하며, '도쿄 매거진 뱅크'라고도 불린다. 1만 7000여 종의 잡지를 소장하고 있는데, 열람실에는 중앙의 낮은 서가에 일본어 잡지 1080종, 벽면 서가에 서양 잡지 411종

도쿄 도립 다마 도서관의 열람실. 중앙(사진의 오른쪽)의 낮은 서가에는 일본에서 발간된 잡지 1080종
이. 열람석 뒤편으로 보이는 벽면 서가에는 서양 잡지 411종이 비치되어 있다. 환하고 밝은 분위기에
검정색과 은색으로 인테리어에 포인트를 준 깔끔한 열람실이다.

◆

❶ 도쿄 도립 다마 도서관의 청소년 자료 코너. 각각의 책장마다 진열대
가 딸려 있어서 이곳에서 신간과 기획 도서를 소개하고 있다.

❷ 어린이 자료 코너에는 외국어 책들도 비치되어 있는데, 몇몇 한국 그
림책도 눈에 띄었다. 이 외에 다양한 언어권의 아동서도 소장하고 있다.

❸ 보존서고에 소장된 야마모토 유조의 장서. 작가의 유가족들이 도쿄도
에 기증한 자료들로, 도쿄 도립 다마 도서관의 소중한 컬렉션이다.

을 비치해두고 있다. 또한 개가식 서고에 1년 전에 발간된 잡지부터 최신호까지 약 4500종의 잡지가 빽빽이 들어차 있다.

아동 및 청소년 자료 수집도 이 도서관이 주력하는 서비스인데, 청소년 서가에는 신간을 비롯해 도서관에서 기획해 선보이는 자료들이 곳곳에 전시되어 있다. 어린이 공간은 별도로 마련되어 있으며, 일본에서 발간된 책뿐만 아니라 한국어 등 외국어로 쓴 책들도 비치되어 있다.

한편 폐가 서고의 중심이 되는 자료는 메이지 시대부터 현재까지 발간된 100만 권이 넘는 잡지와 7100여 종의 '창간호 컬렉션'이다. 오래된 잡지도 합본하지 않은 채 그대로 보관하고 있어서 지질과 색상 등을 발간 당시 그대로 고스란히 느낄 수 있다. 또한 영국의 화가로 아트 앤드 크래프트 운동을 벌이기도 했던 월터 크레인Walter Crane의 삽화가 들어간 그림책, 『롱부츠 신은 고양이』『진드기 야마』 등 일본의 메이지, 다이쇼 시대에 발행된 귀중한 아동서도 눈길을 끈다. 이들 귀중서는 고서점에서 구입한 것이며, 이곳의 자료들을 통해서 19세기 중반 영국에서 시작된 어린이책의 역사를 일별해볼 수 있다. 제작 연도는 알 수 없지만, 과거 일본의 길거리에서 상연된 그림연극도 소중한 소장 자료이다.

현실주의적 휴머니스트로 소설과 희곡을 창작했던 야마모토 유조山本有三의 장서는 도쿄 도립 다마 도서관이 소장하고 있는 또 하나의 소중한 컬렉션이다. 이는 1975년에 유가족이 도쿄도에 기증한 것으로, 야마모토 유조가 다이쇼 시대 초기부터 말년까지 애독

301

했던, 취미는 물론 창작과 연구에 활용한 문학, 국어학, 역사학 등의 도서 1만 3500여 권, 잡지 300여 종이다. 이 외에 일본과 중국 설화를 현대적으로 재해석한 소설로 유명한 아쿠타가와 류노스케芥川龍之介, '소설의 신'이라고 불렸던 사소설의 대가 시가 나오야志賀直哉 등의 자필 서명본도 보관하고 있다.

도쿄의 사서들이 입을 모아 도쿄 도립 다마 도서관을 추천한 것은, 각 도서관에서 줄곧 이곳의 도움을 받아왔으며 전문가들이 연구하기에 적합한 자료와 환경을 제공하기 때문일 것이다. 한국에서도 지역마다 대표도서관이 건립되거나 이와 관련한 논의가 진행 중인데, 도쿄 도립 다마 도서관의 활동은 참조할 만한 유용한 사례일 것이다.

이것이 과연
새로운 시대의
도서관 모델일까

◆ 다케오 시 도서관 武雄市図書館, Takeo City Library

◆

이곳은 도서관일까, 카페일까?
일본뿐만 아니라 한국에서도 도서관의 성공 사례로 회자된 디케오 시 도서관이다.
도서관 한가운데 카페가 있어서 번잡할 때는 이곳이 잔뜩 북적인다.

최근 일본에서 가장 이슈가 된 도서관은 단연 다케오 시 도서관 武雄市図書館이다. 이에 대해서는 일본뿐만 아니라 우리나라의 미디어들도 앞 다투어 성공 사례로 다루고 있다. "따뜻한 조명과 높은 서고, 책을 좋아하는 사람들에게 가슴 두근거리는 공간" "한번 꼭 가봐야 할 이색 도서관" "도서관에 서점, 커피점 결합시켜 호평, 재정 적자 줄고 고령화율도 멈춘 상태" "벤치마킹을 위해 전국 각지 지자체 공무원들이 줄지어 시찰하는 명소", 이는 모두 다케오 시 도서관을 상찬하는 한국 언론의 말들이다.

이 도서관이 있는 규슈 사가현의 다케오 시는 1300년간의 유장한 역사를 품은 다케오 온천과 400년을 이어온 도자기 공방으로 알려진 도시이다. 737년 창건한 다케오 신사에는 3000년 된 녹나무가 경외감을 풍기며 오랜 세월 자리를 지키고 있다. 이곳은 후쿠오카 국제공항에서 기차를 타면 1시간 10분 만에 갈 수 있을 정도로 교통도 좋은 편이다. 하지만 도서관이 아니었다면 지금과 같은 유명세를 타지는 않았을 것이다.

다케오 시 도서관은 츠타야 서점을 운영하면서 우리에게도 잘 알려진 CCC Culture Convenience Club가 다케오 시로부터 위탁받아 처음으로 기획, 운영에 나선 도서관이다. CCC는 "시민 생활을 더욱 풍부하게 하는 도서관"을 만들겠다는 「새로운 도서관 구상」을 토대삼아 2013년 4월 1일 다케오 시 도서관·역사자료관을 리모델링해 열었고, 2017년 10월 1일 다케오 시 어린이 도서관을 추가로 개관했다. 이 도서관은 자료 보존과 도서 대출이라는 기존의 도서관 상에서 벗어나 서점과 카페를 도서관과 통합했다. 커피를 음미하면서 책을 읽을 수 있고, 공부와 일과 대화가 가능한 라이프스타일 무대로 도서관을 만들겠다는 것이었다.

CCC가 다케오 시 도서관의 운영을 맡고 난 뒤 가장 큰 변화는 운영 시간의 연장이었다. 이전에는 오전 10시부터 오후 6시(금요일은 7시)까지 문을 열었는데, 오전 9시부터 오후 9시까지로 개관 시간을 늘린 것이다. 일본의 공공도서관들은 도쿄나 오사카 같은 대도시 중앙도서관을 제외하면 대부분 오전 9~10시에 문을 열고 오후 6~7시에 폐관한다. 개관일도 연간 295일에서 연중무휴 365일로 70일이 늘어났다.

리모델링을 거쳐 새롭게 개관한 도서관은 공간에 있어서도 상당한 변화가 있었다. 관장실이 사라졌으며, 서가 공간이 넓어졌다. 이후 어린이 도서관 별관 건물이 지어졌고, 음식을 먹을 수 있는 푸드 코트도 들어섰다. 무엇보다도 가장 획기적인 변화는 이용자 수이다. 일평균 867명에 불과했던 이용자 수가 2529명으로 비약적으로 증가했다. 대출 이용자 수는 일평균 280명에서 460명으로, 대출 건

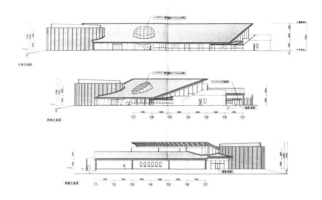

다케오 시 도서관의 리모델링 도면. 이 도서관은 지은 지 12년밖에 되지 않은 비교적 새 건물이었는데, CCC가 위탁을 맡으면서 전면 리모델링을 단행했다. ⓒ佐藤◻수니◻

수는 일평균 1194건에서 1494건으로 늘어났다. 게다가 다케오 시의 시민뿐만 아니라 일본 국민이라면 누구든 책을 대출할 수 있게 시스템을 바꾸었다.

　CCC가 위탁을 맡으면서 다케오 시는 비용도 절감했다. 도서관을 시에서 직영으로 운영했을 때는 연간 1억 2000만 엔(한화로 약 13억 4100만 원)이 들었으나, CCC가 운영을 맡은 뒤 시가 지급하는 지정관리비는 이보다 1000만 엔이 적은 1억 1000만 엔(약 12억 2900만 원)이었다. 도서관 리모델링에는 약 8억 엔(약 89억 4200만 원)이 소요되었는데, 다케오 시가 4억 5000만 엔(약 50억 3000만 원), CCC가 3억 5000만 엔(약 39억 1200만 원)을 부담했다.

　이러한 수치는 다케오 시의 전 시장이었던 히와타시 게이스케樋渡啓祐가 2014년에 펴낸 『끓어올라라! 도서관沸騰! 図書館』에 언급된 내용이다. 이 책은 다케오 시 도서관의 리모델링 이야기를 담고 있는데, 히와타시는 책이 사람들의 삶을 풍요롭게 하니 그러한 책을 모은 도서관을 많이들 이용하게 해야 한다면서 다케오 시 도서관이 시민들의 자부심이자 지역 성장의 엔진이 될 것이라고 했다.

외형적인 통계 수치만 보면 다케오 시 도서관은 굉장한 성공을 거둔 것처럼 보인다. 하지만 얼마 지나지 않아 다케오 시민들과 도서관 관계자들 사이에서 '이곳이 진정한 공공도서관인가?' 하는 의문이 제기되기 시작했다.

다케오 시 도서관은 누구를 위한 도서관인가

나지막한 산을 병풍처럼 두르고 있는, 둥근 벽돌로 지은 도서관 건물은 예스럽기도 하고 세련된 느낌도 든다. 내부로 들어서면 시야를 가득 채우는 원목 서가들이 압도감을 줄 만큼 아름답다. 입구 전면이 통유리로 훤히 트여 있어서 개방감이 느껴진다. 천장까지 높게 뚫려 있는 열람실 내부는 넓고 시원한 느낌이다. 천장에 달린 등 하나, 테이블의 의자 하나하나에 세심히 신경 썼다.

깨끗한 새 책들이 서점 평대에서 반짝반짝 빛나고 있다. 아기자기하고 예쁘장한 판매용 문구도 전시되어 있다. 도서관 안으로 들어온 커피숍 덕에 커피 냄새가 열람실 가득하다. 실내에서는 가볍고 경쾌한 음악이 낮게 흘러나온다. 커피 한잔 마시며 책 읽을 생각에 가슴이 두근거리기도 한다.

沸騰！図書館
100万人が訪れた驚きのハコモノ

樋渡啓祐

すごい
図書館
つくりました。

人口5万人の町に日本中から客が訪れる
武雄市"TSUTAYA"図書館の挑戦

角川oneテーマ21

다케오 시 도서관을 CCC에 위탁하면서 일약 유명해진 다케오 시의 전 시장 히와타시 게이스케는 이 이야기를 모아 『끓어올라라! 도서관』이라는 책을 펴냈다.

　다케오 시 도서관은 분명 공공도서관인데, 스타벅스 커피숍과 츠타야 서점을 전면에 앞세우고 있다. 눈부시게 반짝이는 새 책들과 전시된 잡지들을 지나치지 않고서는 도서관 열람실로 갈 수가 없다. 어디서부터 도서관 열람 서가이고 어디까지 서점 서가인지 그 경계도 분명치 않다. 나중에 안 사실인데, 구분 방법이 없지는 않다. 하얀 패널의 책장은 서점 서가, 검은 패널의 책장은 도서관 서가이다.

　여럿이 앉아 이야기 나누는 커피숍 이용자들 탓에 내부는 다소 어수선하다. 소음에 개의치 않는 이용자도 있겠지만, 조용히 책을 읽으려고 도서관을 찾은 사람이라면 누군가의 수다는 신경 쓰일 것이다. 게다가 커피를 사 마시지 않으면 따스한 햇볕이 내리쬐는 유리 창가 옆자리에는 앉을 수 없다.

다케오 시 도서관의 외관. 빨간 벽돌 건물이 예스럽기도 하고 세련된 느낌도 든다. 나지막한 산이 병풍처럼 건물을 둘러싸고 있다.

음료는 커피숍뿐만 아니라 열람석에서 마셔도 무방하다. 커피숍에서 구입한 가벼운 먹거리도 1층 테라스석과 잡지 서가 옆 테이블에서 먹을 수 있다. 하지만 도시락이나 외부에서 구입한 먹거리를 관내에 들고 오는 것은 허용되지 않는다. 이는 대개의 공공도서관이 별도의 공간을 지정한 뒤 그곳에서 식사를 허용하는 것과는 분명 다른 규칙이다. 도서관 측에서는 도서관 밖 지정 구역에서라면 무언가를 먹을 수 있다고 말한다.

구조적 문제도 있다. 2017년 개관한 다케오 시 어린이 도서관에는 '그림책의 산えほんの山'이라는 계단식 책꽂이와 어른도 손이 닿지 않는 높은 서가가 있다. 이는 CCC 계열사의 규슈빵케이크와 커피점과 같은 상업 공간을 무리하게 배치하면서 벌어진 일이다.

CCC의 위탁 이후 다케오 시 도서관은 일본 전역에서 관광버스

다케오 시 어린이 도서관. 2017년 10월 1일에 개관했는데, 꽤 높은 서가가 있어서 어린이들이 이용하기에는 상당히 불편할 것이다. ⓒ武雄市図書館

를 타고 몰려올 정도로 방문자가 증가했다. 하지만 이들은 스타벅스 커피숍과 츠타야 서점의 이용자이지, 엄밀하게 보면 도서관 이용자는 아니다. 지자체의 대대적인 홍보 이후 수많은 방문객 때문에 편히 쉬며 책 읽을 곳을 원했던 지역의 이용자들에게 도서관은 다소 불편한 곳이 되어버렸다. 이는 지역 시민들의 도서관 이용률에서도 알 수 있다. 2015년의 도서관 회원 수는 5만여 명인데, 그중 다케오 시 거주자는 32.2퍼센트뿐이다. 도서 대출에 있어서도 시 거주자는 54.8퍼센트에 그치고 있다.

CCC가 위탁을 맡고 나서 다케오 시 도서관이 "민관 협력의 성공 모델"로 칭송받은 이유는 이용자 수의 증가 때문이었다. CCC가 위탁을 맡기 전인 2011년에는 25만 5828명이었는데, 위탁을 맡은 후인 2013년에는 92만 3036명으로 이용자 수가 대폭 늘어났다.

다케오 시 도서관 내부에 있는 츠타야 서점의 잡지 매대. 각각의 매대마다 환한 조명이 설치되어 있어서 잡지들이 무척 또렷하게 보인다. 기존 도서관들과 비교해본다면 훨씬 화려한 분위기인지라 이용자들의 시선을 끌 것이다.

하지만 이후의 실상을 보면, 이러한 추세는 잠깐의 급등이었을 뿐이다. 2013년에 이용자 수가 정점을 찍은 뒤 매년 10만여 명씩 줄어들다가 급기야 2016년에는 68만여 명으로 감소한다. 2019년에 98만 2042명으로 다시 회복세를 보이지만, 이는 2017년에 추가로 건립된 어린이 도서관 이용자 수 23만 8307명에 힘입은 바 크다.

이용자 수만 줄어든 것이 아니다. 다케오 시 도서관은 3년마다 회원 등록을 갱신하게 되어 있는데, 2015년에 회원 수가 5만여 명으로 최고 정점을 찍지만 그다음 해에는 2만 9500여 명으로 회원 수가 급감한다. CCC가 위탁을 맡기 전인 2013년에 회원 수가 3만 4400여 명이었는데, 2016년에는 그보다 줄어든 것이다. 더욱이 2019년의 대출 건수는 40만 2702건으로, 일평균 대출 건수는 1103건에 불과하다. 어린이 도서관을 건립하기 전인 2014년에 일평균 대출 건수가 1494건이었던 데 반해 26퍼센트나 감소한 것이며, CCC가 위탁을 맡기 전인 2011년 1194건이었던 것에 비해서도 7.6퍼센트 감소한 수치다. 다케오 시 도서관이 "공설 민영 북카페"라고 비난받는 데는 이러한 이유가 있는 것이다.

다케오 시 도서관은 관광 시설이 아니다. 관광 도시의 도서관이라 해도, 지역 문화를 육성하는 사회 교육 시설로서 공공도서관의 기능과 서비스가 희생되어선 안 된다. 도서관은 지역 주민을 환대하면서 이들에게 정보와 지식을 제공하는 곳이어야 한다. 무엇보다 다케오 시 도서관은 도서관의 본질적 기능을 제대로 구현하지 못하고 있다는 점이 문제이다.

313

일본의 일반적인 공공도서관과 학교도서관은 '일본십진분류법'에 따라 장서를 분류한다. 반면에 다케오 시 도서관은 '라이프스타일 분류'라고 하는 츠타야 서점에서 쓰는 분류법을 이용해 장서를 분류한다. 또한 책의 내용이 아닌 제목을 기준 삼아 분류한 탓에, 기리노 나쓰오桐野夏生의 소설『동경 섬』이 여행서로 분류되는 식의 문제가 있다. 서적 분류는 도서관에서 기본 중의 기본이라 할 수 있는 일인데, 현대 사회의 라이프스타일을 따른다는 이 분류법 때문에 다케오 시 도서관에서는 책을 찾기 어렵다는 말이 나오고 있다.

이뿐만이 아니다. 다케오 시 도서관의 도서 구입 목록이 인터넷에 공개되면서 시민 사회에서는 도서관에 대한 비난이 불같이 일어났다. 1997년에 간행된, 다케오 시에서 한참 떨어져 있는 사이타마 현의 라면 가게 지도에 관한 책『라면 지도 사이타마 2』라든가, 오래 전에 출간된『공인회계사 제2차 시험 2001』『해외 금융상품전 가이드 2001』같은 책들이 다수 목록에 들어 있었던 것이다. 게다가 이런 책들을 CCC 산하의 대형 인터넷 중고 서점 넷오프ネットオフ에서 1만여 권이나 구입한 것이 매우 큰 이슈가 되었다.

공공도서관에서는 원칙적으로 헌책을 구입하지 않는다. 절판이 되었거나 신간을 구입할 수 없는 경우에 한해서 중고 서점에서 책을 사들인다. 중고 도서는 책의 상태를 신뢰하기 어려운 데다가 출판사들을 배려하기 위해 도서관에서는 새 책을 구입하는 것이다. 반면에 다케오 시 도서관의 도서 구입은 일반적인 도서관의 관행에서 상당히 비껴나 있다.

다이칸야마 츠타야 서점의 여행 코너에 있는 컨시어지. 이들이 컨설팅을 포함한 맞춤형 서비스를 제공한 것이 이 서점의 성공 요인 중 하나였다.

한편 CCC에서 운영하는 도쿄의 다이칸야마 츠타야 서점이 성공한 데에는 문화 안내 도우미인 컨시어지concierge의 서비스가 한몫을 했다. 컨시어지란 특정 분야에 풍부한 견식과 경험을 갖춘 전문가로, 도서관에서 정보를 제공하는 레퍼런스 사서와 같은 이들이다. 츠타야 서점에서는 방대한 지식을 바탕으로 각 분야의 정보 전문가가 컨설팅을 포함한 맞춤형 서비스를 제공한다고 내세웠다. 하지만 다케오 시 도서관의 츠타야 서점에서는 도서 판매에 분주한 서점 직원 외에 컨시어지를 찾아볼 수 없었다.

이 도서관에서는 서점 직원과 도서관 직원이 모두 같은 유니폼을 입고 있어서 이들을 구분할 수 없다. 서점 직원에게 사서를 만나고 싶다고 말을 건넸더니, 열람실 안쪽 깊숙한 자리의 안내 데스크로 나를 데려갔다. 자리에는 아무도 없었고, 한참이 지나서야 사서

315

다케오 시 도서관에서 서점과 커피숍은 주목받고 있지만, 도서관다운 모습을
볼 수 있는 공간은 많이들 그냥 지나친다. 주객이 전도된 느낌도 드는 것이다.

가 나타났다. 나는 도서관을 연구하는 한국의 사서라고 소개한 뒤
다케오 시 도서관의 최신 연간 보고서를 요청했다. 이 도서관의 연
간 예산, 이용자 통계, 직원 수, 운영 프로그램 등을 알고 싶다고 했
다. 그녀는 난감한 표정을 짓더니 사라졌다. 그러고서 10여 분이 흘
렀을까. 그녀는 CCC 관계자와 함께 나타나서는 다케오 시의 허가
를 받아야만 도서관 관련 통계를 내어줄 수 있다고 했다.

공공도서관의 연간 보고서나 통계 자료는 기밀이 아니다. 도서
관에서 홈페이지에 올려놓는 경우도 많고, 일본도서관협회는 공공
도서관의 통계를 취합해 해마다 책으로 간행하고 있다. 그런데 다
케오 시 도서관은 그런 정보조차 공개하지 않는 것이다.

공공도서관에서 소요되는 비용은 크게 자료 구입비, 운영비, 인
건비로 나뉜다. 그리고 지자체 직영에서 민간 위탁으로 운영이 넘

어갔을 때 절감되는 비용은 대부분 인건비이다. 도서관이 오랜 동안 경험을 축적하면서 서비스의 질을 향상시키는 기관이라는 점을 감안했을 때, 전문 인력에 대한 충분한 지원이 없다면 도서관 서비스의 질은 떨어질 수밖에 없다.

CCC는 다케오 시 도서관을 운영하면서 전에 근무하던 직원들의 고용을 승계했으며, 정규직으로 채용한 직원도 있다고 했다. 하지만 「사가 현 다케오 시 도서관 비용과 관련한 정보와 의문^{佐賀県}武雄市の図書館費に関する情報や疑問な」이라는 자료에 의하면, 다케오 시 도서관의 인건비는 직영으로 운영되었던 2011년에 6511만여 엔(한화로 약 7억 2700만 원)이었는데 CCC가 위탁 관리를 맡은 뒤인 2013년에 3241만여 엔(약 3억 6200만 원)으로 줄었으며 2016년까지 같은 액수로 동결되었다. 연중무휴에 매일 4시간씩 연장해 도서관을 운영하면서 인건비는 절반 이상 줄어든 셈이다. 실제로 이곳의 사서들은 대출 업무만으로도 바빠 보였다. 이렇게 해서 주민들의 독서 생활과 평생학습을 지원하는 등 제대로 된 전문적인 사서 서비스를 제공하는 것이 과연 가능할까.

다케오 시 도서관 모델이 과연 도서관의 미래일까

민관 제휴 사업에서 공공성과 투명성 확보는 필수적이다. 하지만 다케오 시의 히와타시 게이스케 전 시장은 의회의 승인 없이 독단적으로 도서관의 운영을 특정 민간 업체인 CCC에 맡겼다는 비

317

난을 받아왔다. 사실 다케오 시 도서관은 지은 지 12년밖에 안 된 비교적 새 건물이었는데 리모델링을 단행했다. 군이 거금을 들여 인테리어를 바꾸고 재개관을 해야 했는지 의문이 드는 것이다. 또한 CCC와 체결한 계약 내용을 공개해달라는 민원에 대해, 재개관 1년이 지난 뒤에야 계약 내용은 CCC의 영업 노하우에 해당하므로 이를 공개하는 것은 CCC에 불이익을 줄 수 있다면서 거부했다.

다케오 시 도서관을 홍보하며 한껏 유명세를 누렸던 히와타시 전 시장은 2014년 12월 사가 현 지사 선거 출마를 위해 임기 도중 다케오 시장직을 사임했다. 그러나 그다음 해 1월에 지사 선거에서 낙선했으며, 8월에는 CCC가 설립한 고향 스마트폰 주식회사의 대표 이사로 취임했다.

2015년 7월, 다케오의 시민 6명은 히와타시 전 시장 등을 상대로 1억 8000만 엔의 손해배상 소송을 제기했다. 이들은 다케오 시가 엄정한 사실 확인 없이 부실한 절차로 CCC와 계약을 체결한 것이 지방자치법 위반이라고 주장했다. 또한 다케오 시 도서관이 재개관 때 장서를 구입하면서 위법한 지출을 했다며 시민 17명이 연이어 1900만 엔의 손해배상 소송을 제기하기도 했다. 이들 소송은 모두 법원에서 기각되었으나, 도서관 문제가 사회적인 물의를 일으킨 사례일 것이다.

한편 다케오 시 도서관의 놀라운 방문자 증가를 보고 CCC와 함께 도서관 만들기에 나섰던 지자체들이 있다. 그중 아이치 현 고마키 시는 2015년 10월 CCC와 함께 새로운 도서관을 만들지 여부

가나가와 현에 있는 에비나 시립도서관. CCC가 위탁을 맡은 도서관에는 이처럼 스타벅스와 같은 상업 시설이 들어와 있다. ⓒ海老名市立図書館

를 묻는 주민 투표를 실시했다. 하지만 50.3퍼센트의 투표율에, 찬성 2만 4981표, 반대 3만 2352표로 계획은 철회되었다. 또한 야마구치 현 슈난 시는 CCC와 새로운 도서관을 지을 계획을 세웠으나, 이에 반대하는 주민 서명운동이 일어났다. 이에 슈난 시의회에서 주민 투표 조례안을 만들었다가 부결되는 사건도 이어졌다.

이러한 사회적 논란은 계속되었지만, 2015년 10월에 가나가와 현 에비나 시에 에비나 시립도서관海老名市立図書館, 2016년 3월에 미야기 현 다가조 시에 다가조 시립도서관多賀城市立図書館, 2017년 2월에 오카야마 현 다카하시 시에 다카하시 시립도서관高梁市立図書館, 2018년 2월에 야마구치 현 슈난 시에 슈난 시립 도쿠야마 역전 도서관周南市立徳山駅前図書館, 2018년 4월에 미야자키 현 노베오카 시에 엔크로스エンクロス, 2020년 6월에 와카야마 현 와카야마 시에 와카

CCC는 슈난 시립 도쿠야마 역전 도서관에 이어 엔크로스까지, 역내 시설 가운데 하나로 도서관을 만드는 데 참여하고 있다. ⓒエンクロス

야마 시민 도서관和歌山市民図書館 등 CCC가 운영하는 도서관이 연이어 탄생했다.

공공도서관은 원칙적으로 지자체가 관리, 운영하는 공공시설이다. 그리고 그 시설의 목적을 효과적으로 달성하겠다는 이유로 민간에 위탁하여 관리를 대행하게 하는 것이 일본의 지정관리자 제도이다. 현재 일본의 공공도서관은 대략 10퍼센트가 민간에 위탁 운영되고 있다. 그렇다면 왜 CCC가 위탁을 맡은 다케오 시 도서관이 유독 문제가 되는 것일까?

그전까지 지자체로부터 지정관리비를 받아 도서관을 운영해온 민간 기업들은 자체 사업을 진행하긴 했지만 도서관 운영을 수익사업으로 보지 않았다. 하지만 다케오 시는 "다이칸야마 츠타야 서점의 노하우를 활용해 서점과 카페가 있는, T포인트(CCC가 운영하는 모든 점포에서 쓸 수 있는 공용 포인트)를 사용할 수 있는 도서관을 만들겠다"면서 CCC를 지정관리자로 지정했다. 즉 다케오 시 도서관은 서점과 카페의 영업을 통해 수입을 얻는 것이 전제된 수익성 모델의 도서관인 것이다. 실제로 CCC에서는 다케오 시 도서관의 지정관리비 외에 서점과 카페의 영업 이익을 얻고 있다. 점유 면적과 직원 수를 고려할 때 수익이 상당하리라고 추측된다.

다케오 시 도서관의 사례에서 공공도서관의 의미를 다시 생각해 본다. 공공도서관은 세금 등의 공적 자원을 투여하여 공중의 정보 이용, 문화 활동, 평생교육을 증진하기 위해 설치, 운영되는 곳이다. 그렇다면 다케오 시 도서관의 모델은 이러한 도서관의 기능에 충실할 수 있을까. 이것이 과연 도서관의 미래일까.

이 책에 언급된

도서관

관련 정보

1장 장엄한 대륙의 스타일로 승부하다 ──중국

상하이의 도서관, 그 과거와 현재와 미래

◆ 쉬자후이 장서루(徐家汇藏书楼, Bibliotheca Zi-Ka-Wei)
上海市徐汇区漕溪北路80号
No. 80, Caoxi Bei Lu, Shanghai City, China
https://library.sh.cn

◆ 푸둥 도서관(浦东图书馆, Pudong Library)
上海市浦东新区前程路88号
No. 88, Qiancheng Road, Pudong, Shanghai City, China
http://www.pdlib.com

◆ 상하이 도서관(上海图书馆, Shanghai Library)
上海市淮海中路1555号
No. 1555, Huaihai Road, Xuhui District, Shanghai City, China
https://library.sh.cn

도심 한가운데 자리한 초대형 정보 서비스 공간

◆ 광저우 도서관(广州图书馆, Guangzhou Library)
广东省广州市天河区珠江东路4号
No. 4, Zhujiang E Road, Tianhe District, Guangzhou City,
Guangdong Province, China
http://www.gzlib.org.cn

새로운 시도를 더해가는 중국식 모던 라이브러리

◆ 톈진 빈하이 도서관(天津滨海图书馆, Tianjin Binhai New Area Library)
天津市滨海新区旭升路347號
No. 347, Shiseong Road, Binhai, Tianjin City, China

http://www.bhwhzx.cn/Library.aspx
(도서관 소개 페이지이며, 아직 도서관 홈페이지는 구축되지 않았다.)

◆ 황푸 도서관 향설관(埔图书馆 香雪馆, Huangpu Library)
广东省广州市黄埔区开萝大道4号
No. 4, Luo Road, Huangpu District, Guangzhou City, Guangdong Sheng, China
http://www.gzhplib.cn

강렬한 햇볕조차 막을 수 없는 열혈 이용자들의 공간

◆ 선전 도서관(深圳图书馆, Shenzhen Library)
广东省深圳市福田区福中一路2001号
No. 2001, Fuzhong 1st Road, Futian District, Shenzhen City, Guangdong
Province, China
https://www.szlib.org.cn

2장 세상이 바뀌어가듯 도서관도 진화한다 ── 미국

모든 공공도서관은 메이커스페이스다

◆ 미셸 오바마 마을 도서관(Michelle Obama Neighborhood Library)
5870 Atlantic Ave, Long Beach, CA 90805, USA
http://www.longbeach.gov/library

마을은 작을지라도 도서관은 크고 다채롭다

◆ 파운틴데일 공공도서관(Fountaindale Public Library)
300 W. Briarcliff Road, Bolingbrook, IL 60440, USA
https://www.fountaindale.org

◆ 뉴포트 비치 공공도서관(Newport Beach Public Library)
   1000 Avocado Ave, Newport Beach, CA 92660, USA
   https://www.newportbeachlibrary.org

이용자를 품으면서 변화하는 최고의 공공도서관

◆ 알링턴 하이츠 기념도서관(Arlington Heights Memorial Library)
   500 N Dunton Ave, Arlington Heights, IL 60004, USA
   https://www.ahml.info

디지털 세대를 위한 커넥티드 러닝의 공간

◆ 해럴드 워싱턴 도서관 센터(Harold Washington Library Center)의
   유미디어(YOUmedia)
   400 S State St, Chicago, IL 60605, USA
   https://www.chipublib.org/programs-and-partnerships/youmedia
   https://youmedia.org

3장 자연과 함께하는 독서 공간을 추구하다 ─── 대만

새로운 미학을 모색하는 타이베이 인근의 도서관들

◆ 신베이 시립도서관(新北市立圖書館總館, New Taipei City Library Main Branch)
   220新北市板橋區貴興路139號
   No. 139, Guixing Road, Banqiao District, New Taipei City, Taiwan 220
   https://www.library.ntpc.gov.tw

◆ 베이터우 공공도서관(臺北市立圖書館北投分館, Taipei Public Library Beitou
   Branch)

112台北市北投區光明路251號

No. 251, Guangming Road, Beitou District, Taipei City, Taiwan 112

https://tpml.gov.taipei

가오슝 시민들의 일상을 파고든 친환경 도서관

◆ 가오슝 시립도서관(高雄市立圖書館總館, Kaohsiung Main Public Library)

80661高雄市前鎮區新光路61號

No. 61, Xinguang Road, Qianzhen District, Kaohsiung City, Taiwan 80661

https://www.ksml.edu.tw/mainlibrary

햇살과 녹음을 끌어안은 고요하고 평화로운 독서 공간

◆ 가오슝 문학관(高雄文學館, Kaohsiung Literary Museum)

801004高雄市前金區民生二路39號

No. 39, Minsheng 2nd Road, Qianjin District, Kaohsiung City, Taiwan 801004

http://ksm.ksml.edu.tw

◆ 가오슝 리커융 기념도서관(高雄李科永紀念圖書館, Kaohsiung Li Ko-Yung Memorial Library)

801高雄市前金區民生二路37號

No. 37, Minsheng 2nd Road, Qianjin District, Kaohsiung City, Taiwan 801

https://www.facebook.com/KSMLCJ

4장 최고의 교육 환경은 도서관에서 비롯된다 — 핀란드

시민들과 함께 만들어낸 헬싱키의 심장

◆ 헬싱키 중앙도서관, 오디(Helsingin Keskustakirjasto Oodi, Helsinki Central Library Oodi)
Töölönlahdenkatu 4, 00100 Helsinki, Finland
https://www.oodihelsinki.fi/en

도서관의 도시, 책의 천국이란 이런 것이다

◆ 칼리오 도서관(Kallion Kirjasto, Kallio Library)
Viides linja 11, 00530 Helsinki, Finland
https://www.helmet.fi/kallionkirjasto

오랜 세월, 묵묵히 한 지역을 지켜온 도서관

◆ 오울루 시립도서관(Oulun Kaupunginkirjasto, Oulu City Library)
Kaarlenväylä 3, 90100 Oulu, Finland
https://www.ouka.fi/oulu/library

◆ 카리아실타 도서관(Karjasillan Kirjasto, Karjasilta Library)
Kollaantie 2, 90140 Oulu, Finland
https://www.ouka.fi/oulu/kirjasto

특화된 콘텐츠로 이용자를 끌어들이는 도서관

◆ 탐페레 시립도서관, 메초(Tampereen Kaupunginkirjasto, Tampere Main Library Metso)
Pirkankatu 2, 33210 Tampere, Finland
https://www.tampere.fi/kulttuuri-ja-vapaa-aika/kirjastot.html

◆ 파실라 도서관(Pasilan Kirjasto, Pasila Library)
Kellosilta 9, 00520 Helsinki, Finland
https://www.helmet.fi/fi-FI/Kirjastot_ja_palvelut/Pasilan_kirjasto/yhteystiedot

5장 도서관의 현재를 살피고 미래를 그려보다 ── 일본

독서 강국의 공공도서관, 아직은 건재하다

◆ 우라야스 시립도서관(浦安市立中央図書館, Urayasu City Central Library)
〒279-0004 千葉県浦安市猫実1丁目2-1
1 Chome-2-1 Nekozane, Urayasu City, Chiba, JAPAN 279-0004
http://library.city.urayasu.chiba.jp

◆ 세키마치 도서관(練馬区立関町図書館, Nerima City Sekimachi Library)
〒177-0053 東京都練馬区関町南3丁目11-2
3 Chome-11-2 Sekimachiminami, Nerima City, Tokyo, JAPAN 177-0053
https://www.lib.nerima.tokyo.jp/institution/detail/8

재난의 한가운데에서도 도서관은 살아 숨 쉰다

◆ 센다이 미디어테크(せんだいメディアテーク, Sendai Mediatheque)
〒980-0821 宮城県仙台市青葉区春日町2-1
2-1 Kasugamachi, Aoba Ward, Sendai City, Miyagi, JAPAN 980-0821
https://www.smt.jp

◆ 그림책 미술관(絵本美術館「まどのそとのそのまたむこう」, Iwaki Picture Book Library)
〒970-0224 福島県いわき市平豊間合磯209-17
Katsutsuo-209-17 Tairatoyoma, Iwaki City, Fukushima, JAPAN 970-0224
http://www.iwaki-k.ac.jp/publics/index/49

특정 이용자와 정보를 고민하는 도서관이 필요하다

◆ 무사시노 플레이스(ひと・まち・情報 創造館 武蔵野プレイス, Musahino Place: a House for People, Town, Information and Creation)
〒180-0023 東京都武蔵野市境南町2丁目3-18
2 Chome-3-18 Kyonancho, Musashino City, Tokyo, JAPAN 180-0023
https://www.musashino.or.jp/place

◆ 도쿄 도립 다마 도서관(東京都立多摩図書館, Tokyo Metropolitan Tama Library)
〒185-0024 東京都国分寺市泉町2丁目2-226
2 Chome-2-226 Izumicho, Kokubunji City, Tokyo, JAPAN 185-0024
https://www.library.metro.tokyo.jp

이것이 과연 새로운 시대의 도서관 모델일까

◆ 다케오 시 도서관(武雄市図書館, Takeo City Library)
〒843-0022 佐賀県武雄市武雄町5304-1
5304-1 Tekeocho Oaza Takeo, Takeo City, Saga Prefecture, JAPAN 843-0022
https://takeo.city-library.jp

내 마음을 설레게 한 세상의 도서관들

책의 집, 그 미래를 찾아 떠난 여행

ⓒ 조금주

초판 1쇄 발행 | 2020년 10월 23일
초판 3쇄 발행 | 2021년 12월 7일

지은이 | 조금주
펴낸이 | 임윤희
디자인 | 송윤형
제작 | 제이오

펴낸곳 | 도서출판 나무연필
출판등록 | 제2014-000070호(2014년 8월 8일)
주소 | 08613 서울 금천구 시흥대로73길 67 금천엠타워 1301호
전화 | 070-4128-8187
팩스 | 0303-3445-8187
이메일 | wood.pencil.official@gmail.com
페이스북·인스타그램 | @woodpencilbooks

ISBN | 979-11-87890-24-9 03020

• 이 책의 국립중앙도서관 출판시도서목록(CIP)은 e-CIP 홈페이지(www.nl.go.kr/cip.php)와
국가자료공동목록시스템(www.nl.go.kr/kolisnet)에서 이용하실 수 있습니다.
(CIP 제어번호: CIP2020041962)